RATO DE REDAÇÃO

SIG E A HISTÓRIA DO

Márcio Pinheiro

RATO DE REDAÇÃO
SIG E A HISTÓRIA DO
PASQUIM

© 2022 - Márcio Pinheiro
Direitos em língua portuguesa para o Brasil:
Matrix Editora
www.matrixeditora.com.br

/MatrixEditora | @matrixeditora | /matrixeditora

Diretor editorial
Paulo Tadeu

Projeto gráfico e diagramação
Marcelo Correia da Silva

Revisão
Maria Fernanda Moreira
Silvia Parollo

CIP-BRASIL - CATALOGAÇÃO NA PUBLICAÇÃO
SINDICATO NACIONAL DOS EDITORES DE LIVROS, RJ

Pinheiro, Márcio
Rato de redação / Márcio Pinheiro. - 1. ed. - São Paulo: Matrix, 2022.
192 p.; 23 cm.

ISBN 978-65-5616-190-7

1. Jornalismo - Brasil - História. 2. Imprensa - História - Brasil. 3. O Pasquim (Jornal). Título.

21-74987
CDD: 079.81
CDU: 070(81)(09)

Camila Donis Hartmann - Bibliotecária - CRB-7/6472

Para Cássia, minha primeira leitora.
Para Lina, minha futura leitora.

Sumário

Prefácio
LEMBRAR DE NÃO ESQUECER 9

ABERTURA (AMPLA, GERAL E IRRESTRITA) 11

Capítulo 1
O PRIMEIRO JORNAL 19

Capítulo 2
A GRIPE 49

Capítulo 3
DIAS MILLÔRES VIRÃO 75

Capítulo 4
CAÍA A TARDE FEITO UM VIADUTO 107

Capítulo 5
PASQUIM VAI ÀS URNAS 143

Capítulo 6
O ÚLTIMO SUSPIRO DE SIG 161

Capítulo 7
EXISTE VIDA DEPOIS DA MORTE? 167

Capítulo 8
DEPOIS DO PASQUIM 171

BIBLIOGRAFIA 189

LEMBRAR DE NÃO ESQUECER

Reinaldo Figueiredo

Não sei se é problema da idade, mas a minha memória não anda bem. Quando me perguntam quantos anos eu tenho, às vezes não me lembro e tenho que fazer a conta. E geralmente erro a conta. E depois que rolou a efeméride dos 50 anos da fundação do *Pasquim* em 2019, muita gente me pergunta como eram as coisas naquele tempo. E aí sou obrigado a ficar remexendo os neurônios em busca de fatos perdidos. Em vão.

Por isso, foi muito bom ler, em primeira mão, este livro do jornalista Márcio Pinheiro. Ele conseguiu pesquisar e escrever cuidadosamente tudo que eu tinha esquecido. E, o mais importante, nestas páginas descobri muita coisa que eu nunca fiquei sabendo, mesmo tendo convivido com alguns dos principais personagens dessa aventura jornalística e humorística.

Foi bom rever, em câmera lenta, detalhes que já estavam quase apagados no meu cérebro amnésico, como a origem da história em quadrinhos Os Chopnics e do super-herói Capitão BD, inspirado no Hugo Bidet, personagem da vida real ipanemense que ganhou esse apelido porque uma vez, na falta de um panelão em casa, serviu uma feijoada no bidê. Isso é só um dos muitos lances que eu já tinha ouvido falar, mas havia esquecido completamente. Obrigado pela lembrança, Márcio.

E, o que é melhor, todas essas informações estão, como se dizia naquele tempo, devidamente "inseridas no contexto".

Reinaldo Figueiredo é humorista, cartunista, fundador de O Planeta Diário *e contrabaixista da Companhia Estadual de Jazz. Trabalhou no* Pasquim *de 1974 a 1985.*

ABERTURA
(ampla, GERAL e irrestrita)

O sonho de todo jornalista é ter um jornal. Viver sem patrão, sem imposições ou censuras, sem compromissos com questões comerciais e/ou industriais. Sem limite de espaço para emitir suas opiniões e expressar a sua verdade como ela é vista. Também sem exigências ou regras – exceto as ditadas pela consciência e pela busca do bem comum. As convicções a serviço dos mais elevados interesses.

Isso é utopia. Ser dono de um jornal acarreta uma série de concessões, algumas legítimas, outras nem tanto. Ser livre e independente não combina com aporrinhações de leitores que não entendem o que você quis dizer naquele texto claro, objetivo e tão bem escrito. Tampouco é impossível desprezar as pressões de anunciantes que querem dar mais destaque à sua marca do que ao trabalho editorial. Ter um jornal traz ainda o peso das decisões – que quase sempre devem ser instantâneas e assertivas –, dos gastos com funcionários, hoje "colaboradores", papel, gráfica, internet, luz, transporte, férias, rescisões, direitos trabalhistas... Toda uma miríade de exigências que causam surpresas a cada momento e que travam ainda mais o jornalista, animal poucas vezes preparado para questões mais práticas e objetivas do cotidiano.

Na verdade, o sonho de todo jornalista era ser dono do *Pasquim*.

Pelo menos em sua primeira fase, o jornal lançado por meia dúzia de porras-loucas em Ipanema, e que a partir de agora será destrinchado neste livro, foi o que mais se aproximou do ideal edênico de todo profissional da imprensa, em especial a brasileira. Não há registro – nem antes nem depois – de um órgão que tenha surgido de forma tão espontânea, ascendido tão rapidamente, inovado a linguagem e o comportamento, revelado profissionais e personagens, dado muito dinheiro (pelo menos a alguns e apenas por algum tempo, dizem os relatos) e divertido tanto a quem lia quanto a quem escrevia. Ter entrado para a história da imprensa brasileira constituiu-se posteriormente um mero detalhe.

O Pasquim – e aqui neste livro será adotada a nomenclatura de *Pasquim*, diferente da que chegou às bancas em 1969, até ser substituída no número 289, suprimindo o artigo – em quase todos os sentidos fugia do convencionalismo da imprensa feita no Brasil até então. Não havia editorias fixas, tampouco sumário, e não era um jornal de reportagens. Até porque sua primeira e maior diferenciação em relação aos jornais era a periodicidade. Enquanto os jornalões – os órgãos ligados à grande imprensa, aos gigantescos grupos empresariais – eram diários, o *Pasquim* era semanal, mesmo porque jornalista também não é muito chegado a plantões em feriados e em finais de semana. Dessa forma, o *Pasquim* também não podia ser considerado similar às revistas. Não oferecia um apanhado geral do que havia acontecido, nem era setorizado, vinculado a um só tema (futebol, música popular, gastronomia, política...). Era um híbrido entre um e outro, que se destacava basicamente por dois pilares: qualidade de texto e força de opinião. O *Pasquim* era um jornal de análise, de opinião, ainda que estas viessem permeadas pelo humor, pelo deboche, pela ironia e pelo que poderia haver de mais anticonvencional e surpreendente.

Embora muitas vezes explorassem os mesmos temas, o *Pasquim* e os jornalões se mostravam diferentes na forma. E aí não era só pelo texto mais informal – com gírias, palavrões, desrespeitando qualquer espécie de manual de redação –, mas também pela apresentação gráfica e pela maior (quase total) liberdade com relação à diagramação. Nada no *Pasquim* era rígido.

Com exceção de determinadas páginas, em também determinados períodos, o *Pasquim* não hierarquizava nada. As capas, quase sempre com ilustrações bem abertas, títulos gigantescos e escandalosos – que, nos dias atuais, seriam incorporadas pelos jornais popularescos e sensacionalistas –, muitas vezes quase nada tinham a ver com os temas mais importantes abordados na edição. Eram feitas para chamar a atenção e, em última análise, vender. Nem era ainda uma estratégia bolada por marqueteiros. Era espontâneo. E vendia porque era inovador, original.

Por ser dividido em nichos, em feudos, como certa vez classificou a jornalista Martha Alencar – primeira secretária de redação do jornal –, o *Pasquim* não tinha um padrão homogêneo. Cada um dos articulistas ficava responsável pela(s) sua(s) página(s) e, no caso, cabia à Martha dar uma ordenação mínima ao material. Ao contrário da contemporânea *Veja*, que nos primeiros anos não trazia assinaturas nos textos, dando a impressão de que foi toda (re)escrita por um mesmo redator – o que muitas vezes acontecia mesmo –, o *Pasquim* privilegiava o estilo individual de cada autor.

Dentro desses feudos, alguns articulistas se destacaram por análises acuradas, por revelar novos personagens, temas e tendências, quase sempre apresentadas por um viés singular e extremamente pessoal. Luiz Carlos Maciel, na coluna Underground – um dos poucos espaços onde havia um nome na seção, não apenas a assinatura do titular –, foi pioneiro na abordagem de temas contraculturais e na apresentação de personagens, notadamente estrangeiros, como Allen Ginsberg, Jack Kerouac, Ravi Shankar, Abbie Hoffman, Carlos Castañeda e Alan Watts.

Privilegiando temas da política internacional – e favorecido por um intenso noticiário sobre, por exemplo, a Guerra do Vietnã, o escândalo de Watergate e a renúncia de Richard Nixon –, Paulo Francis forjou seu estilo: textos longos, bem escritos, quase sempre de "memória", e por isso garantindo ao autor alguns dissabores (o caso Yamamoto também será lembrado mais adiante). O que ninguém pode dizer é que não eram ricos em análises.

Igualmente ricos – em especial em informações – eram os textos de Sérgio Augusto, primeiramente mais centrados em cinema, sua paixão inicial que o aproximara do jornalismo uma década antes, mas logo em seguida se abrindo para outros assuntos, como literatura, imprensa, viagens e, em sua grande fase, *media criticism*, com a coluna É Isso Aí. Com um jornal numa mão (na verdade, vários, só que um de cada vez) e uma tesoura (ou uma régua) mais uma caneta na outra, Sérgio Augusto fazia um levantamento dos mais disparatados tópicos editoriais e a cada semana tinha seu ajuste de contas com a grande imprensa. Por quatro anos, de 1975 a 1979, Sérgio Augusto exerceu o que de mais relevante houve em matéria de trabalho de um *ombudsman* no Brasil. Ainda que de maneira um pouco displicente – como ele mesmo admitiu em um texto para um seminário da *Folha de S. Paulo* –, Sérgio Augusto, com sua coluna, prestou um grande serviço para a melhoria da profissão e da atividade jornalística.

Millôr Fernandes e Ivan Lessa foram cronistas mais generalistas, muitas vezes quase esbarrando na ficção (ou nas fábulas, no caso do primeiro). Em outra vertente, Millôr também abordara muitos temas ligados ao Rio de Janeiro, tanto o de antigamente (com memórias da infância e juventude dele) quanto o de sua época de trabalho (do crescimento desordenado e da descaracterização urbana), além de muitas vezes transformar sua página, E Isso É Isso, numa espécie de editorial do jornal.

Tarso de Castro, debochado e iconoclasta, demonstrava um estilo que guardava semelhanças com alguns cronistas que o antecederam (Sérgio Porto, José Carlos Oliveira), porém levando a extremos o vocabulário cáustico e a agressividade. Por ser tão comentarista dos fatos, do que havia de mais instantâneo, Tarso também foi o que menos durou. Seus textos perderam o frescor com o tempo, e pouco do que escreveu poderia lhe garantir uma posteridade através de antologias e coletâneas.

Em paralelo a isso tudo, ainda havia um outro tipo de artigo, que parecia conto, muito publicado no *Pasquim*, que com frequência abordava assuntos atemporais ou sem vinculação com temas jornalísticos atuais. Colaboradores como Dalton Trevisan, Aldir Blanc, Manuel Puig, Chico Anysio, Rubem Braga, Plínio Marcos e Fernando Sabino destacaram-se e deram às publicações um caráter mais literário.

O *Pasquim* inovava nos textos mais longos, de maior fôlego, de análise mais detalhada, e também nas peças curtas, nos chistes, nos trocadilhos, nos "textículos" de impacto imediato. Começa por uma das maiores características do jornal, a frase que vinha desde o primeiro número impressa logo abaixo do logotipo. Em épocas pré-Twitter, as frases eram agudas, certeiras e serviam quase como um minieditorial. Ali estava de maneira direta e objetiva o que seus editores pensavam, mesclando uma posição adotada pelo jornal – quase sempre de maneira autorreferente – com uma análise do panorama atual, principalmente com relação à situação política.

As frases se prestavam a todos os temas: imprensa, política, economia, comportamento, greve, futebol, anistia. Havia também adaptações de antigos provérbios, expressões populares e até de *slogans* comerciais. Em determinados períodos, quando a censura agia com maior dureza, a frase servia também para mandar mensagens cifradas aos leitores mais atentos. Como a do número 75, no auge da "Gripe" que "vitimou" toda a redação e que significou, para alguns integrantes do jornal, uma temporada atrás das grades de um quartel. A frase daquela edição tentava explicar o que não podia ser divulgado: "Uma coisa é certa: lá dentro deve estar muito mais engraçado do que aqui fora".

Outro exemplo da consagração do texto curto são as notas agrupadas na seção Dicas. Versão apocopada da palavra "indica", a "dica" surgiu seguindo uma velha tradição do jornalismo brasileiro, em especial do colunismo social: a de dar uma notícia com o máximo de informação e usando um número mínimo de palavras. Num primeiro momento, as dicas eram selecionadas por Olga Savary e ficavam restritas a indicações de bares, restaurantes, peças, shows, atividades culturais e gastronômicas. Com o tempo, as dicas foram ampliadas e diversificadas. Qualquer assunto, qualquer opinião, podia render uma dica. Sempre assinadas em negrito ao final do texto, as Dicas passaram a comentar o noticiário da própria edição ou do número anterior, mandar recados, registrar reclamações e até estabelecer pequenas polêmicas, implicâncias ou sacanagens entre os próprios integrantes do jornal.

Dicas: um pequeno jornal dentro de um grande jornal

Se textual e estilisticamente o *Pasquim* foi inovador, o mesmo é possível comprovar com relação à proposta gráfica. Assim como as páginas de texto, as de desenhos, charges, cartuns, histórias em quadrinhos traziam também a assinatura do autor, umas até com personagens permanentes. O caso mais fácil de identificar é o de Henfil, que em diferentes momentos apresentou personagens como o Fradim, o Caboco Mamadô e Ubaldo, o paranoico. Jaguar também, a começar pelo mais importante, o Sig, mas ainda com Gastão, o vomitador, Bóris, o homem-tronco, Capitão Ipanema, as aranhas Jacy e Hélio e a Anta de Tênis. Já Fortuna trouxe a Madame e seu Bicho Muito Louco, e Ziraldo, embora não tenha criado nenhum personagem significativo no *Pasquim*, adaptou figuras clássicas, como Tarzan e Superman, utilizadas no Pôster dos Pobres. Na fase final, com Reinaldo na edição, surgiu Avelar, o general que não aderiu ao golpe, criação de Hubert, Claudio Paiva e Agner, que ridicularizava os militares que começavam a deixar o poder.

Ainda que com destaque, nas capas e nas fotonovelas, a fotografia sempre esteve um patamar abaixo na trajetória do *Pasquim*. A explicação mais plausível seria a baixa qualidade do papel e a ausência de cor. Mesmo assim, a Pasquim-Novela era uma sacada genial, que resumia em roteiros engraçados (com frequência escritos por Ivan Lessa) histórias bem boladas interpretadas por um elenco que podia reunir nomes como José Lewgoy, Ney Latorraca, Leila Diniz e Stepan Nercessian. Numa linha ainda mais ousada estavam as fotopotocas. Presentes desde o início do jornal, as fotopotocas – o equivalente aos memes da atualidade – se apropriavam de imagens sérias que eram ridicularizadas a partir de uma inserção de um comentário verbal em forma de balão. A mais famosa delas, a do quadro *Independência ou Morte*, acabou garantindo aos autores (e cúmplices na edição) uma temporada no xilindró do Exército.

* * *

O *Pasquim* era feito por uma turma homogênea. A patota era formada basicamente por homens, todos com uma carreira pelo menos razoavelmente consolidada (Millôr Fernandes, inclusive, já era um nome consagrado), com interesses intelectuais parecidos, bom trânsito entre os personagens cariocas e uma afinidade comum de combate à ditadura. Quem gravitava ao redor também formava um grupo homogêneo. Na primeira fase, o denominador comum poderia ser Ipanema. Pessoas, lugares, gírias, gostos, simpatias e até os ódios e implicâncias eram muito semelhantes entre os que faziam o *Pasquim* e os que liam o jornal. Aos poucos o universo foi se ampliando, e com um pouco mais de custo as afinidades e identidades foram sendo mantidas. Porém, o desgaste acabou sendo inevitável e o jornal não conseguiu escapar ileso das discussões internas, polêmicas e brigas – algumas violentas que acabaram resultando no afastamento de colaboradores. Sérgio Augusto foi um deles. Caetano Veloso e Glauber Rocha, idem. Luiz Carlos Maciel saiu e voltou. E a mais traumática delas envolveu Tarso de Castro e Millôr Fernandes, causando a saída atribulada do primeiro. Sérgio Cabral, numa entrevista concedida anos depois, chegou a afirmar que apenas durante um curto período a situação no *Pasquim* foi "risonha e franca".

Tudo isso e muito mais você encontrará nas próximas páginas. O relato de um período conturbado, mas igualmente muito criativo e – vá lá – feliz da vida brasileira. Como tudo que é bom, foi num instante. Um tempo definido que todos sabiam que não iria durar para sempre. Até porque os próprios criadores do *Pasquim* – em todas as suas fases – tinham noção da efemeridade.

Ou não. O quê? Eles queriam trabalhar, se divertir e ganhar muito dinheiro? O que eles estavam pensando? Isso não é coisa para jornalista.

O PRIMEIRO JORNAL

A ditadura brasileira estava no poder havia cinco anos e dois meses. Sua face mais carrancuda e cruel dominava a vida nacional há meros 195 dias, desde que o AI-5 havia sido promulgado em 13 de dezembro do ano anterior pelo general Costa e Silva. A imprensa brasileira vivia uma boa fase, com publicações progressistas que tentavam enfrentar ou – pelo menos – burlar a censura. *Jornal do Brasil*, *Jornal da Tarde* (lançado em 1966) e revista *Veja* (lançada em 1968) eram bons exemplos de textos inteligentes e com pautas audaciosas, embora fossem vinculados a grandes grupos empresariais. Todos igualmente tradicionais e conservadores. Quase um ano antes, em julho de 1968, houve a invasão do Teatro Ruth Escobar, em São Paulo, pelo Comando de Caça aos Comunistas, que depredou o cenário e espancou o elenco do musical *Roda Viva*, escrito por Chico Buarque. Caetano Veloso e Gilberto Gil se autoexilaram em Londres. A decisão foi o caminho natural depois de eles terem sido presos no final de dezembro e ameaçados de represálias mais graves pelas forças de repressão ligadas ao governo, caso não saíssem do país. Chico Buarque seguiria caminho parecido, optando por Roma. Dos parlamentares que tentavam resistir, 99 haviam sido cassados, ficando sem mandatos e perdendo os direitos políticos.

A capa da edição de *O Globo* desse dia, uma quinta-feira, destacava quase que com a mesma dimensão dois assuntos principais: a elevada carga de poluição no ar, em especial no bairro de São Cristóvão, e a mobilização do vigário-geral da Arquidiocese do Rio de Janeiro, Dom José Gonçalves, contra a iniciativa de introdução do divórcio no país. Nelson Rodrigues, na coluna À Sombra das Chuteiras Imortais, abria o texto com uma das frases que o consagrariam, lembrando a discussão entre um conferencista e um espectador, em que o segundo rebateu o primeiro dizendo que "os fatos não confirmam as suas palavras", ao que o outro deu a réplica fulminante: "Então, pior para os fatos". Já Ibrahim Sued, também colunista do matutino da família Marinho, pedia em seu texto, na página 2 do segundo caderno, que "os organizadores do concurso de Miss Brasil, antes de mais nada, deviam disciplinar socialmente as candidatas". O mesmo suplemento noticiava ainda que era o paranaense Daniel Kesilowski o responsável por confeccionar e manter as perucas usadas por Frank Sinatra. Na área de espetáculos, o dia era marcado pelas atuações de Tônia Carrero e Jardel Filho, dirigidos pelo filho dela, Cecil Thiré, na montagem de *Falando de Rosas*, no Teatro Copacabana, e de Procópio Ferreira, que fazia as últimas apresentações de *O Avarento*, no Teatro Princesa Isabel. Na música, Elis Regina abria a temporada ao lado de Luiz Carlos Miéle e Ronaldo Bôscoli no Teatro da Praia, e Gal Costa, com Tom Zé e Os Brazões, despedia-se do Teatro de Bolso. A revista *Veja*, que havia privilegiado nas duas semanas anteriores temas da política internacional, como os custos por trás da Guerra do Vietnã e a expectativa da visita de Nelson Rockefeller ao Brasil, chegava à última semana de junho abordando a situação caótica das redes telefônicas no país.

Com toda a agitação política e econômica, parecia não ser um bom momento para lançar um jornal – aliás, não era um bom momento para quase nada –, muito menos com clara intenção oposicionista, plural e anarquista, comandado não por patrões ou barões da imprensa, mas por jornalistas porras-loucas, agressivos e debochados. Eram profissionais variados – com diversos níveis de trajetórias e experiências – e com características peculiares. A principal delas talvez fosse um hedonismo levado ao extremo, ingrediente fundamental para dar a devida coragem de lançar naqueles dias um semanário bem diferente de qualquer comparação com algo que já existisse. Um semanário que sempre seria definido pela sua equipe como sendo um hebdomadário. Nascia o *Pasquim*.

A primeira edição chegou às bancas em 26 de junho de 1969. A capa do primeiro número trazia como manchete uma entrevista com Ibrahim Sued, o então principal colunista social do país e repórter com trânsito nas mais diferentes e ousadas rodas do Brasil – dos círculos militares aos cafajestes de Copacabana, do Country Club carioca ao empresariado paulista, da burocracia federal às fofocas paroquiais. Ele recebeu os entrevistadores em seu escritório na Avenida Nossa Senhora de Copacabana e não deixou nada sem resposta. A chamada para a entrevista, com um pequeno texto de 22 linhas, ocupava um bom pedaço do espaço da primeira página do novo jornal, começando na parte inferior e indo até pouco mais da metade, quando era interrompida pelo logotipo, pelas informações gerais (data, edição, preço – 50 centavos de cruzeiro – e pela frase que sempre estaria presente em todas as edições e se tornaria uma das marcas registradas). No caso, a primeira era completamente afinada com o ideário de seus fundadores: "Aos amigos, tudo; aos inimigos, justiça".

Assim o *Pasquim* era apresentado aos leitores. A versão dos editores, explicitando a independência e reconhecendo a necessidade de um jornal em que eles pudessem ser os patrões, era a seguinte: "O *Pasquim* surge com duas vantagens: é um semanário com autocrítica, planejado e executado só por jornalistas que se consideram geniais e que, como os donos dos jornais não reconhecem tal fato em termos financeiros, resolveram ser empresários. É também um semanário definido – a favor dos leitores e anunciantes, embora não seja tão radical quanto o antigo PSD. Até agora o *Pasquim* vai muito bem – pois conseguimos um prazo de trinta dias para pagar as faturas. Êste (sic) primeiro número é dedicado à memória do nosso Sérgio Porto, que hoje deveria estar aqui conosco. No mais, divirtam-se – enquanto é tempo e não chega o número dois".

Além do texto, o *Pasquim* teria um símbolo, já com destaque nessa primeira capa: o Sig, um rato desenhado por Jaguar e que interferia com seus comentários sarcásticos em quase todas as matérias, artigos, entrevistas e até nos anúncios. Ele seria a presença mais constante durante as mais de duas décadas de existência do jornal. O personagem havia sido criado quatro anos antes, em 1964, a pedido de uma marca de cerveja que seria lançada com uma campanha que teria um bar como cenário. O publicitário

Zequinha de Castro Neves pediu a Jaguar e a Ivan Lessa uma história em quadrinhos que pudesse ser publicada em dois grandes jornais da cidade do Rio. A dupla optou por chamar de Chopnics, uma brincadeira que juntava as palavras "chope" e "beatniks", e que tinha como personagem alguém muito próximo dos dois, o indescritível Hugo Bidet. Nascido Hugo Leão de Castro, Bidet era escrevente juramentado do 9º Ofício do Registro Geral de Imóveis do Rio (além de ator, cronista, desenhista e boêmio) e tinha ganho o apelido por certa vez ter servido uma feijoada em sua casa usando um bidê como panelão. Na historinha, Bidet se transformava no Capitão BD, herói que era ativado e ganhava superpoderes quando pronunciada a palavra mágica, o nome da cerveja. Bidet, o verdadeiro, tinha também de verdade um mascote, um pequeno ratinho branco que ele levava para todos os cantos e havia batizado de "Ivan Lessa". Na adaptação, o mamífero roedor teria destaque, sempre no ombro do heroico Capitão BD, porém sem ter nome. Quatro anos depois, quando ressuscitado nas páginas do *Pasquim*, o ratinho ganharia o nome que o tornaria famoso: Sig, numa não muito clara homenagem ao pai da psicanálise, Sigmund Freud.

Com Ibrahim Sued como entrevistado, o *Pasquim* deixava escancarada sua pluralidade. O jornal marginal, nanico, alternativo, reconhecia a importância do colunista vinculado à grande imprensa e que circulava nas altas esferas. Por deixar qualquer sectarismo de lado, o *Pasquim* seria recompensado de imediato e emplacaria em sua primeira edição um grande furo de reportagem. Foi o jornal o primeiro a dar o nome do próximo presidente. Ibrahim Sued garantia na entrevista que Arthur da Costa e Silva seria sucedido pelo também gaúcho – e também general – Emílio Garrastazu Médici. O que se confirmou.

Por fim, a parte de cima da capa do jornal na sua primeira edição era ocupada por uma chamada para uma reportagem com a atriz Odete Lara falando sobre o Festival de Cannes. Ao lado, destaque também para um texto de Chico Buarque narrando sua paixão pelo Fluminense, um cartum e outra chamada anunciando os demais colaboradores, pela ordem: Jaguar, Tarso de Castro, Sérgio Cabral, Claudius, Don Martin, Fortuna, Ziraldo, Marta Alencar, Sérgio Noronha e Luiz Carlos Maciel. Com exceção de Don Martin, americano de 38 anos, já reconhecido mundialmente como um dos principais (e mais loucos) desenhistas da revista *MAD*, todos os demais eram da patota, uma turma íntima das redações cariocas e que tinha a praia de Ipanema – suas ruas, seus personagens, seus bares, sua fauna – como centro do mundo.

Como não esperavam faturar apenas com a venda em bancas, o pessoal do *Pasquim* não descuidou dos anúncios. O primeiro número trazia quatro páginas da Shell[1], da Skol, dos cartões Thomas de La Rue (assinados pelos desenhistas do jornal) e das casas noturnas comandadas por Ricardo Amaral (onde todos da redação eram assíduos frequentadores).

O trio de primeiros citados na chamada dos colaboradores não estava ali por acaso. Foram os três os integrantes do primeiro núcleo duro do semanário.

O *Pasquim* começara a nascer meses antes de junho de 1969, com *A Carapuça*, jornal de humor criado por Sérgio Porto em 1968. Na época, aos 45 anos, Sérgio Porto era um dos grandes nomes do jornalismo brasileiro, atuando como cronista e humorista, e com passagens por jornais como *Tribuna da Imprensa, Diário da Noite, O Jornal*, além de revistas como *Manchete, Fatos & Fotos* e *Mundo Ilustrado*. Com o pseudônimo de Stanislaw Ponte Preta, Sérgio Porto tornou-se, em meados dos anos 1960, um dos grandes fenômenos editoriais do Brasil com o lançamento dos três volumes de Febeapá – Festival de Besteira que Assola o País, título que parodiava o uso de siglas pela ditadura militar e denunciava incompetências e bobagens da vida pública nacional. O sucesso encorajou Sérgio Porto a lançar em 1968 *A Carapuça*, um periódico humorístico – ou semanário hepático-filosófico, como o próprio autor definia – que, infelizmente, teve apenas cinco edições. Embora quem redigisse todo o jornal fosse Alberto Eça, um sujeito que sabia escrever bem ao estilo de Sérgio Porto, com a autorização do próprio, *A Carapuça* não teria como continuar existindo sem o seu inspirador, o que seria um caso único de jornalismo psicografado. Sérgio Porto morreu pouco tempo depois, vítima de um enfarte fulminante, em setembro de 1968.

Com a morte de Stanislaw Ponte Preta, Tarso de Castro foi convidado por Murilo Pereira Reis, da Distribuidora Imprensa, que editava *A Carapuça*, para ser o editor. Tarso não concordou, mas fez uma contraproposta: aceitaria o comando do jornal, porém mudaria o nome e, mais ainda, a orientação editorial. A proposta coincidia com o conselho que havia recebido de Sérgio Cabral e de Jaguar, com quem havia tido uma outra conversa no bar Jangadeiros. Como na época Tarso trabalhava na *Última Hora*, nada mais

---

[1] Carlos Prosperi, mineiro de Guaxupé, onde nasceu em 1930, era um dos proprietários da Magaldi, Maia & Prosperi, com João Carlos Magaldi e Carlito Maia, desde 1963, e na agência atendia a conta da Shell.

natural do que chamar para a empreitada dois colegas de redação: Sérgio Cabral (então editor de Política e assistente da coluna que Tarso assinava) e Jaguar (já o principal cartunista do jornal). O primeiro seria o editor de textos do novo semanário; o segundo assumiria a editoria de humor. Completariam a primeira equipe os editores gráficos Carlos Prósperi e Claudius, ambos indicados por Jaguar. Todos sob o comando tirânico, mercurial, divertido e porra-louca de Tarso, editor-chefe aos 27 anos.

Essa foi a divisão editorial. A parte empresarial ficou da seguinte maneira: uma cooperativa em que as cotas foram divididas em 50% para Murilo Pereira Reis e os demais 50% repartidos em cotas iguais para Jaguar, Tarso de Castro, Sérgio Cabral, Carlos Prósperi e Claudius. Dessa primeira patota fazia parte ainda uma pessoa pouco lembrada, Olga Savary. Na época casada com Jaguar, Olga participou de quase todas as reuniões que antecederam o lançamento do jornal, ajudou a editar as primeiras entrevistas e criou a seção Dicas, uma das mais lidas do jornal. Luiz Carlos Maciel, outro integrante da equipe pioneira, lembraria, mais de uma década depois, em texto para o seu livro *Negócio Seguinte*, o estilo idiossincrático do editor para montar a redação: "O Tarso é um editor muito flexível; para formar a equipe, ele ia colocando pessoas assim como o Paulo Francis, que nunca tentou ser humorista, chegou lá e tascou logo um artigo sério, do jeito que ele escrevia". Ainda no calor dos acontecimentos, em novembro daquele ano, Maciel publicou no próprio *Pasquim* um texto em que lembrava da série de reuniões etílicas que antecederam o lançamento e também quais eram as ideias do fundador: "Tarso me dizia no seu melhor estilo de profeta escocês – se é que vocês entendem o que quero dizer: 'Olha, vamos fazer um jornal para a gente trabalhar pouco e ganhar muito'. A profecia realizou-se ao contrário: a gente está trabalhando muito e ganhando pouco".

O nome do jornal, muito provavelmente, foi inventado por Jaguar e, como chegou a admitir em uma entrevista anos depois, foi uma maneira de se proteger de uma possível esculhambação externa. "Já que vão nos chamar de pasquim, vamos antes usar o nome. Terão de inventar outros nomes para nos xingar." No texto de apresentação de *O Pasquim – Antologia Volume I*, lançada em 2006, Jaguar recordaria que eles se reuniram várias vezes, quase sempre na casa de Magaldi (que havia sido sócio de Prósperi e do publicitário Carlito Maia na agência Magaldi, Prósperi & Maia) e nada de surgir um nome de consenso. Jaguar também lembraria que a opção autodepreciativa viria de uma inspiração com a *Tribuna da Imprensa*, jornal carioca que ocupava o último lugar nas vendas, por isso "lanterna", e que passara a adotar uma lanterninha como símbolo.

Pasquim, a palavra, vem do italiano "Pasquino", e, segundo o dicionário Aurélio, significa "um jornal ou panfleto difamador ou uma sátira afixada em lugar público". Pasquino também era uma referência a um sujeito na Itália – nunca claramente identificado, ora aparecia como dono de um restaurante, ora como alfaiate, ora como barbeiro – que editava um pequeno jornal com as fofocas que recolhia pela cidade e distribuía colocando embaixo das portas. Desaforado, Pasquino usava seu veículo de informação para atacar seus adversários. A descoberta e a revelação desses dados foi possível graças ao Departamento de Pesquisa em Roma. Na verdade, o lado repórter do correspondente do jornal na Itália: Chico Buarque.

Sérgio Cabral, que tinha dezenas de nomes alternativos para sugerir, não gostou. Luiz Carlos Maciel, grande amigo de Tarso e um dos primeiros a saber do nome, também não ficou satisfeito: "Parecia jornalzinho de colégio", avaliou. "Vi o *Pasquim* nascer de verdade na Cinelândia, num barzinho que eu não conhecia, discreto e meio escondido, que o Jaguar havia descoberto em suas infatigáveis pesquisas pela cidade à procura da melhor caipirinha e do uísque mais puro. Tarso, Jaguar, Sérgio Cabral, Claudius e Próspero sofriam de fazer gosto porque não conseguiam escolher um nome para o novo semanário. Não me lembro quem sugeriu o nome *Pasquim*, nem quem lutou por ele. Lembro que fui contra", recordou, explicando a seguir seus motivos. "Parecia-me um lugar-comum que minha indiscutível atração pelo sofisticado, o sutil e o original rejeitava com certo constrangimento". No final, esgotado, Maciel resignou-se. "Aí já estávamos, Tarso, Jaguar e eu, em outro bar, na Avenida Rio Branco, tomando uma excelente caipirinha, quando eu disse, pensando que sabotava mortalmente a ideia: 'Esse nome de *Pasquim* é coisa que a gente bolou para o jornalzinho do colégio, quando a gente era criança'. Para minha surpresa, Tarso e Jaguar exultaram. 'Perfeito! É isso mesmo que a gente quer', disse o Jaguar. 'Genial! O nome só pode ser esse mesmo: *Pasquim*', o Tarso falou". Sérgio Cabral e Maciel foram votos vencidos. O nome passou a valer.

Sérgio Augusto credita quase que todo o sucesso inicial do *Pasquim* ao fato de ele ser o porta-voz das turmas, tribos e esquerdas-festivas de Ipanema. "Se tivesse surgido na Mooca, nem com a Abril de arrimo, *Pasquim* teria dado certo", escreveu no texto de apresentação do primeiro volume da *Antologia*.

O *Pasquim* era o reflexo daquela atmosfera. Um oásis de inteligência, bom humor e buscas insaciáveis pelo prazer no meio de um Brasil caótico e reprimido. "O *Pasquim* era Ipanema engarrafada", lembra Sérgio Augusto a respeito de uma definição dada por um diplomata brasileiro – que não era Vinicius de Moraes, outro chegado a Ipanema e a garrafas.

Do bairro, o *Pasquim* – pelo menos geograficamente – demoraria a se aproximar. Começaria no Centro do Rio, na Rua do Resende, número 100, local cedido pela Distribuidora Imprensa. Depois, passaria pelo Flamengo, na Rua Clarisse Índio do Brasil, e ainda pelo Jardim Botânico e por uma breve temporada em Copacabana. Só no final dos anos 1970 chegaria próximo ao bairro que inspirara o surgimento do jornal. Em casa, o *Pasquim* ocuparia um solar normando perdido nos altos da Ladeira Saint Roman, ainda em Copacabana.

Nos primeiros tempos, na Rua do Resende (no local hoje funciona um prédio de três andares), no Centro do Rio, dariam expediente o quinteto fundador acrescido por Dona Nelma (secretária e musa inspiradora da turma) e Haroldo Zager, naqueles dias desempenhando a tarefa de contínuo. Mais tarde ele seria promovido a diretor de arte do jornal.

* * *

Tinta de jornal corria pelas veias de Tarso de Castro. Filho de Múcio de Castro, dono do jornal *O Nacional* e líder político na região de Passo Fundo, no Rio Grande do Sul, Tarso desde criança circulava pela redação e pelas oficinas do jornal comandado pelo pai. Nascido em Passo Fundo em setembro de 1941, Tarso passou a infância na cidade natal, mudando-se para Porto Alegre em meados dos anos 1950, quando foi morar no internato do Colégio Rosário. Na capital gaúcha, Tarso continuaria envolvido com jornalismo. Foi um dos integrantes da primeira redação da *Última Hora* gaúcha, experiência bem-sucedida de Samuel Wainer de criar edições regionais do diário que havia fundado no Rio de Janeiro.

Na *Última Hora*, Tarso trabalhou na editoria de Política e viveu um período efervescente da vida política do Rio Grande do Sul e do Brasil. Eleito governador do estado em 1958, Leonel Brizola, aos 36 anos, começava a despontar como uma das novas lideranças políticas. Era também cunhado do então vice-presidente da República, João Goulart, tendo sido decisivo na ascensão de Jango ao poder, após a renúncia de Jânio Quadros, quando comandou a Campanha da Legalidade, em agosto de 1961. Como um dos setoristas do Palácio Piratini, sede do governo gaúcho, Tarso acompanhou de perto as movimentações populares, as negociações políticas e militares e a consolidação da liderança de Brizola. Depois daquele período, os dois ficariam próximos pelo resto da vida.

Em 1962, já um nome de relevância nacional, Brizola candidata-se a deputado federal pelo Rio de Janeiro. Seria o primeiro ensaio eleitoral que poderia ajudá-lo a viabilizar seu nome como um dos presidenciáveis da eleição prevista para 1965 – quando, concorrendo pelo PTB, provavelmente teria como adversários o pessedista Juscelino Kubitschek e o udenista Carlos Lacerda. O primeiro passo deu certo. Brizola foi eleito com 269.384 votos, ou um quarto do eleitorado do estado da Guanabara.

Ciente do ótimo uso que sabia fazer dos meios de comunicação, Brizola viu com bons olhos o surgimento de um jornal patrocinado pela Frente de Mobilização Popular, movimento organizado por diversos grupos políticos à esquerda do PTB e favoráveis às reformas de base. Comandado por Paulo Schilling, secretário da frente, *Panfleto* foi lançado oficialmente em 17 de fevereiro de 1964, com uma redação que reunia José Silveira, Neiva Moreira, Fernando Gabeira, Sérgio Magalhães, Paulo Alberto Monteiro de Barros (o Arthur da Távola) e, obviamente, Tarso de Castro, que desde 1962 estava morando pela primeira vez no Rio de Janeiro, para onde foi acompanhando Leonel Brizola. Como a principal dificuldade encontrada pelo jornal era o desempenho comercial, a redação pôde contar com o apoio de Brizola e a utilização do Grupo dos 11. Organizados sob a inspiração do ex-governador, e também conhecidos como Comandos Nacionalistas, o Grupo dos 11 era uma ideia de Brizola em que ele pregava a organização de pequenas células – cada uma composta de onze cidadãos, em todo o território nacional – que poderiam ser mobilizadas sob seu comando a qualquer instante. Esses grupos seriam decisivos na divulgação do *Panfleto* e na coleta de novas assinaturas, permitindo que o jornal alcançasse quase que de imediato uma tiragem de mais de 200 mil exemplares. Porém, apesar do sucesso instantâneo, o *Panfleto* duraria apenas sete números. Seria empastelado pela ditadura militar, que se instalara pouco mais de 50 dias depois do lançamento do jornal. O termo "empastelamento", no jargão jornalístico, define a invasão e destruição de um jornal. Muito comum no início do século 20, o ato remete à época em que os periódicos eram compostos em máquinas de tipos móveis, em que cada letra deveria ser escolhida pelo tipógrafo. Para que a palavra pudesse ser formada era necessário que fosse montada com as letras sendo colocadas uma a uma. Empastelar, então, seria abrir as gavetas de tipos e esparramar as letras de chumbo pelo chão, o que significaria uma demora de meses na reorganização. Com a evolução tipográfica, o termo "empastelar" passou a caracterizar qualquer ato de violência contra os jornais.

Tarso, então, estava desempregado. Mas, mais importante do que arranjar um novo trabalho, era manter-se vivo e distante da polícia. Já nas primeiras horas do regime militar, o novo governo brasileiro deixava claro que não iria dar chance aos opositores. Visado, Tarso primeiro foi salvo pelo pai, Múcio, que foi ao Rio de carro e trouxe o filho de volta em segurança para Passo Fundo. Inquieto, não ficou por muito tempo na terra natal e optou por uma temporada em São Paulo. Acolhido, com Paulo Francis, pelo jornalista Claudio Abramo, Tarso passou um tempo morando na casa de Abramo. Seu próximo destino seria Montevidéu, onde, ao lado de seu líder, Leonel Brizola, pretendia dar início ao movimento conspiratório que – acreditavam eles – se organizaria, reverteria o golpe e derrubaria a ditadura. Porém os fatos e acontecimentos políticos não eram tão dinâmicos. Sem paciência e disciplina revolucionária, Tarso também não aguentou por muito tempo a temporada uruguaia e preferiu se expor aos perigos da perseguição política a viver longe do Brasil.

A opção agora seria pela conhecida Porto Alegre. Samuel Wainer, seu protetor e mentor na época da *Última Hora*, também deixara o país, fixando-se na França. A própria *Última Hora*, empastelada como o *Panfleto*, deixara de existir. No Rio Grande do Sul, em seu lugar – mantendo sua redação, seu mobiliário e muitos de sua equipe –, passaria a existir um novo jornal, *Zero Hora*, fundado em 4 de maio de 1964, 33 dias depois do golpe.

Zero Hora era então comandada por Ary de Carvalho, homem próximo de Samuel Wainer, mas que naquele momento já se adaptara à nova ordem. Como conhecia Tarso, Ary de Carvalho o convidou para que assumisse a editoria de variedades. Tarso aceitou e passou a trabalhar no novo jornal, tendo como colega um iniciante que começava a dar seus primeiros passos na profissão: Luis Fernando Verissimo.

Na temporada gaúcha, sem respeitar o recolhimento que alguém muito procurado pela polícia deveria obedecer, Tarso continuava circulando por bares, restaurantes e boates da feérica noite porto-alegrense. Numa dessas incursões, durante um *show* de Helena de Lima no Encouraçado

Butikin, ele conheceu Barbara Oppenheimer, uma das mais belas jovens da sociedade gaúcha. Entre o final de 1966 e o começo de 1967, Barbara seria constantemente assediada por Tarso. A aproximação inicial – reprovada pelo pai dela e apoiada por um amigo em comum do casal – logo se transformaria em flerte. E daí em namoro, noivado e casamento. Nesse meio tempo, Tarso, no primeiro semestre de 1967, foi chamado por Samuel Wainer para voltar ao Rio e trabalhar na *Última Hora*. Em julho, Baby (pronuncia-se "Babí", não "Beibe"), como era conhecida, foi para lá. Da casa de uma amiga em Botafogo, onde estava hospedada, ligou para Tarso e disse que estava na cidade, mas que eles não poderiam se encontrar naquela noite, pois ela já havia assumido um compromisso social. Mal sabia que o insistente Tarso, poucas horas depois, chegaria ao apartamento com um buquê e um convite para que se encontrassem mais tarde, depois do compromisso dela. Baby aceitou.

Vencidas as resistências familiares, Tarso voltou a Porto Alegre para formalizar o pedido de casamento e começar a acertar os detalhes burocráticos. Até a imposição paterna de se casar na igreja foi aceita por Tarso. No final de 1967, Baby formou-se em Psicologia e três meses depois estavam casados. A cerimônia foi numa sexta-feira, 22 de março, véspera do aniversário dela. Passaram a primeira noite de núpcias num hotel de Porto Alegre e, no dia seguinte, embarcaram no Fusca de Baby rumo ao apartamento que haviam alugado na Visconde de Pirajá. Com Baby, Tarso agora viveria na cidade que sempre considerou como sua, o Rio de Janeiro.

No Rio, a *Última Hora* ainda existia. Claro que sem a importância e o charme da primeira fase de Samuel Wainer, mas ainda assim mantendo-se como um jornal relativamente influente. Nos primeiros meses tudo era alegria. Tarso e Baby frequentavam bastante a cobertura de Samuel – já separado de Danuza Leão – na Vieira Souto e também o apartamento de Paulo Francis, onde bebiam uísque e conversavam com o anfitrião, mais os editores Ênio Silveira e Jorge Zahar, além de Millôr Fernandes. Junto, o casal também estaria no famoso *Réveillon* que iria saudar 1968 na casa da professora e crítica literária Heloisa Buarque de Holanda, e que marcaria o começo daquele ano que, segundo o jornalista Zuenir Ventura, insistia em não terminar.

Na redação da *Última Hora*, Tarso seria colega de Jaguar e Sérgio Cabral, e teria nos dois seus primeiros parceiros na maior e mais bem--sucedida aventura profissional de sua vida. À frente da coluna Hora H,

Tarso encararia o AI-5 em dezembro de 1968 em clima de provocação. Sem poder falar de política, fez uma crônica em que, ironicamente, dizia que o Natal daquele ano, apesar de tudo, estava confirmado para o dia 25. "Teremos velhinhos vermelhos – espero que não mudem a cor...", escreveu, sobre a presença do Papai Noel. A ideia do texto havia-lhe sido soprada por Samuel Wainer, de maneira um tanto oblíqua. O patrão pediu ao seu colunista que naqueles dias evitasse falar de política. "E eu vou escrever sobre o quê, porra?", rebateu Tarso. "Escreva sobre o Natal", Samuel encerrou o assunto, batendo o telefone na cara dele.

Na mesma redação da *Última Hora* trabalhava o bissexto (nasceu no dia 29 de fevereiro de 1932) Sérgio de Magalhães Gomes Jaguaribe. Caricaturista, ilustrador, desenhista e chargista, Jaguar, apelido retirado da redução de seu último sobrenome, tinha na época mais de uma década de carreira, iniciada em 1957, na página de humor da revista *Manchete*. No ano seguinte, a convite do artista gráfico Carlos Scliar, seria um dos colaboradores da revista *Senhor*, onde se aproximaria de Ivan Lessa e Paulo Francis. Em seguida, iria para o jornal de Samuel Wainer, no qual atravessaria os primeiros anos do Golpe de 64 e o AI-5, permanecendo na *Última Hora* por oito anos, embora mantivesse paralelamente um emprego de escriturário no Banco do Brasil. O cargo garantiria boa parte de seus proventos e ele só iria abandoná-lo quando o *Pasquim* alcançasse a fase mais gloriosa que teve comercialmente, a partir de 1971. Pouco antes de embarcar na aventura pasquinesca, Jaguar lançara o livro *Átila, você é um bárbaro*. Jaguar também era íntimo de Sérgio Porto, de quem fora colega no Banco do Brasil, e por causa disso havia acompanhado o nascimento de *A Carapuça*.

O trio se completava com Sérgio Cabral, carioca de Cascadura e criado em Cavalcante. Órfão de pai ainda criança, começara a carreira como jornalista antes dos 20 anos, trabalhando no *Diário da Noite*, órgão dos Diários Associados. No começo da década seguinte já estaria na redação do *Jornal do Brasil*, tendo sido um dos pioneiros no país na crítica musical. A partir de então, sons e palavras se misturariam na sua vida. Íntimo de Cartola, Elizeth Cardoso, Grande Otelo, Pixinguinha e tantos outros nomes da música brasileira, Sérgio Cabral – por necessidade (era casado e com filhos) e também por curiosidade – seria, a partir da metade dos anos 1960, um dos fundadores do atual Teatro Casa Grande, onde teve participação decisiva como diretor artístico. Na mesma época,

Sérgio Cabral também dava expediente na redação da *Última Hora*, ao lado de Tarso e Jaguar.

* * *

O ambíguo Tarso de Castro – classificado por Millôr Fernandes, quando ainda eram amigos, como o "nosso fenemê", em referência ao inconfundível modelo de caminhão pesado, barulhento e que "bebia" bastante, fabricado pela FNM; e por Jaguar como sendo "sutil como um trator" – podia ser ao mesmo tempo ditatorial e democrático. "Eu dirigia o jornal com mão de ferro", admitiu ele em entrevista à revista *Playboy*, em novembro de 1983. "Tinha estabelecido uma linha para o jornal e confiava nela." "Mas precisava ser autoritário?", perguntou o repórter. "O jornal era um ninho de vedetes. Então eu fazia coisas que me custavam amizades. Um dia não gostei de uma página do Millôr e não publiquei. O Millôr sapateava, berrava... se queixou para todo mundo."

No formato, por exemplo, também prevaleceu a exigência de Tarso de Castro. O jornal deveria ser um tabloide, pouco comum na imprensa carioca e paulista, que sempre privilegiou os "jornalões" no estilo *standard*, mas bem aceito na Região Sul e igualmente no Uruguai e na Argentina. Tarso defendia que o tabloide era mais prático, mais fácil de ler. Na formação da equipe de colaboradores, Tarso demonstrou ser o mais plural possível. A característica principal era ser de oposição – como aqueles tempos exigiam –, porém sem ranços partidários ou sectarismos, preferindo o deboche, o escracho.

Millôr Fernandes, convidado a participar da equipe editorial por Tarso, recusou. Escolado por problemas anteriores com censuras políticas e jornalísticas, ele não queria maiores envolvimentos. Aceitou colaborar com artigos e já no primeiro – "Independência, é? Vocês me matam de rir" – vaticinava: "Não estou desanimando vocês não, mas uma coisa eu digo: se essa revista for mesmo independente, não dura três meses; se durar três meses, não é independente. Longa vida a essa revista! P.S.: Não se esqueça daquilo que eu te disse (*referia-se a Jaguar*): nós, os humoristas, temos bastante importância para ser presos e nenhuma para ser soltos". Ainda que tenha se retratado quase que imediatamente, com um texto no número 4 – onde dizia "Amigo, eu me curvo (...) ante a excelência do seu jornaleco..." –, a profecia seria lembrada tempos depois por Tarso como sendo a primeira manifestação da inveja de Millôr e a sua recusa em "considerar insuportável qualquer coisa que dê certo e que não o tenha como autor". Outro que não aceitaria participar como sócio seria Ziraldo.

A largada foi tímida. Jaguar lembraria no início deste milênio que a turma, escaldada pela meteórica trajetória da revista *Pif-Paf* de Millôr Fernandes – apenas oito edições antes de ser tirada de circulação pela ditadura –, achava que 3 mil exemplares para a primeira tiragem seriam mais do que suficientes. Resolveram ousar e imprimiram 14 mil. A tiragem se esgotou em dois dias. Na manhã posterior, Sérgio Cabral recebeu um telefonema de um funcionário da gráfica perguntando se ele autorizava mais uma tiragem, igualmente de 14 mil exemplares, já que havia acontecido uma procura surpreendente pelo número 1. Cabral autorizou e mais uma leva foi para as bancas, esgotando-se rapidamente.

A fase inicial se enriqueceu também com o nível dos colaboradores. Ziraldo, embora não aceitando o convite para participar da redação, autorizou o uso de um dos seus Zeróis no número 1. Henfil faria sua estreia já no segundo número. Logo depois, Paulo Francis, no número 6, publicaria seu primeiro texto (Marquês de Sade era a pauta sugerida por ele) e Ivan Lessa, na época ainda vivendo no Brasil, chegaria ao jornal no número 27.

Em 1967, Ziraldo havia criado o Cartum JS, suplemento dominical encartado no *Jornal dos Sports*, apresentando uma nova geração de cartunistas que estava surgindo: Henfil, Miguel Paiva e Juarez Machado. Um ano depois, o caderno foi fechado pela família Rodrigues (de Nelson e Mário Filho), proprietária do jornal. Assim, os novos cartunistas foram acolhidos por Fortuna, que editava o suplemento *O Manequinho*, no *Correio da Manhã*.

Fortuna, de batismo Reginaldo José de Azevedo Fortuna, nasceu em São Luís, no Maranhão, em 1931. Chegou ao Rio de Janeiro ainda adolescente, em 1947, e logo começou a trabalhar em revistas infantis, como *Sesinho*, *Vida Infantil*, *Vida Juvenil* e *Tico-Tico*, emendando logo depois com colaborações com a revista *A Cigarra*. Em 1957, venceu o primeiro prêmio de desenho humorístico em concurso organizado pela Copa Aeroclube de Bordighera, em San Remo, na Itália, e em 1959 passou a desenhar para a revista *Senhor*, onde conheceu Jaguar e, quase na mesma época, Ziraldo, com quem passou a conviver em *O Cruzeiro* – na revista, os dois editariam uma seção de humor intitulada O Centavo. Um terceiro futuro colega de

Pasquim lhe seria apresentado em 1964, quando Fortuna foi trabalhar como diretor de arte na revista *Pif-Paf*, dirigida por Millôr Fernandes. Com a curta duração da nova revista, Fortuna mudou-se para o *Correio da Manhã*, onde ficou até 1968 com *O Manequinho*. Em 1964, Fortuna publicou, ao lado de Jaguar e Claudius, o livro de charges *Hay Gobierno?*. Antes de tornar-se fundador do *Pasquim*, Fortuna colaborou ainda com a revista *Veja*, recém-lançada em São Paulo, em 1968, e integrou a equipe editorial da *Enciclopédia Barsa*.

Também por essa época, Maciel, outro dos fundadores, buscava seu espaço no novo jornal. "Concluí que tinha de descobrir o que ia escrever, como teria esta presença no *Pasquim* – e foi um negócio que procurei algum tempo. Até que minha participação se estabilizou na seção Underground, uma coisa que eu nem escrevia: isto é, escrevia um pouquinho, mas editava e traduzia mais do que escrevia." A partir de então, Maciel descobriu um dos nichos mais deslumbrantes do jornalismo brasileiro, a contracultura. Com Underground, Maciel se tornou um guru para milhares de leitores. "O *Pasquim* estava crescendo. Estava subindo. Estava vendendo cada vez mais, e eu estava procurando acertar o que ia fazer lá no *Pasquim*. Logo em seguida vem o Underground, que foi o desbunde, um processo de liberação mais amplo. Não só uma questão de liberação sexual, mas uma liberação existencial em todos os sentidos", recordaria mais de uma década depois no livro *Negócio Seguinte:*.

Sérgio Augusto, a convite de Sérgio Cabral, a quem encontrara casualmente nas tribunas de imprensa do Maracanã durante um Vasco x Botafogo (vencido pelo Vasco de Sérgio Cabral por 3 a 1 sobre o Botafogo de Sérgio Augusto), estreou no jornal no número 9, exercitando sua implacável memória e recordando o encontro que havia tido com Sharon Tate. A atriz, a quem Sérgio Augusto havia conhecido, entrevistado e de quem tinha ficado amigo durante um cruzeiro pelo Caribe para o lançamento do filme *O Vale das Bonecas*, fora brutalmente assassinada em casa, poucos dias antes, por integrantes da Família Manson, uma seita de jovens seguidores que idolatravam Hitler, Satã e seu líder, Charles Manson.

Humorístico, o *Pasquim* era também informativo. Como os representantes da grande imprensa da época, o jornal se pautava pelo noticiário, porém não hierarquizava a apresentação dessas notícias com editorias fixas. Aí residia boa parte da criatividade do *Pasquim*: comentar assuntos relevantes do noticiário local e internacional, mas com um estilo mais escrachado, bem-humorado e menos careta.

Os primeiros meses do *Pasquim* coincidiriam com uma das maiores crises políticas ocorridas pós-golpe. Em agosto de 1969, Costa e Silva, muito doente, foi afastado do poder. Seu vice-presidente, o civil Pedro Aleixo, foi proibido de assumir. Em seu lugar assumiu uma junta militar composta pelos ministros do Exército, Marinha e Aeronáutica – os "três patetas", como definiria o deputado Ulysses Guimarães. A disputa nos corredores do Palácio do Planalto e nos quartéis só seria amenizada quase dois meses depois, com a posse de um novo general, Emílio Garrastazu Médici.

O *Pasquim* levou muito adiante experiências que eram feitas por outros jornais. Por exemplo, o Caderno B, suplemento cultural do *Jornal do Brasil*, já desempenhava um papel de órgão oficial de Ipanema, porém sem o mesmo charme e a mesma ousadia que seriam explorados posteriormente pelo *Pasquim*. Com suas inovações, ele teria pelo menos um duplo papel: para os cariocas, em especial os de Ipanema, serviria quase como um jornal de bairro, exaltando seus personagens e divulgando suas paisagens. Para os de fora dos limites do bairro – e aí vale incluir todo o território brasileiro –, o *Pasquim* era diferente, descolado, apresentando um país alegre e criativo onde qualquer um gostaria de viver.

Como não existia um projeto gráfico rígido, o *Pasquim* era um jornal bonito e ousado. Jornal de cartunistas, conseguia dar relevância ao texto escrito sem abrir mão dos aspectos visuais. Uma página do jornal era construída de modo que o impacto visual prevalecesse. Os artigos sempre eram acompanhados de ilustrações e os títulos, com a mais variada tipologia, eram destacados.

Aos poucos, as pequenas revoluções propostas pelo semanário começavam a ganhar corpo. Era subversivo sem ser engajado politicamente. Era anárquico e engraçado. Era de fácil leitura sem ser banal. Era genialmente simples sem ser simplório. O melhor exemplo que a tudo isso resumia eram as famosas entrevistas. Os entrevistados eram interessantes, mas o melhor ainda era o formato, que dava a impressão de que o resultado era muito mais o de um bate-papo do que o de um questionário. Até nisso o acaso foi decisivo. A opção por apresentar entrevistas de forma coloquial e descontraída não havia nascido de uma estratégia editorial, e sim da perigosa combinação da preguiça com a pressa. Jaguar lembraria que coube a ele gravar a fita com a primeira entrevista e passá-la para o papel. Feita a tarefa, foi para a gráfica do *Correio da Manhã*, onde o jornal deveria ser impresso, e nada de ter notícias de Sérgio Cabral ou de Tarso de Castro, que deveriam ter a obrigação de dar à entrevista seu formato final. Faltando menos de duas horas para o horário acertado com a gráfica para começar a imprimir, os dois chegaram. Leram as laudas e não se conformaram com a falta de um copidesque. Jaguar argumentou que tirar o que estava gravado na fita era a única maneira que sabia fazer e que àquela hora não havia muito a ser feito, já que uma festa programada para o lançamento do jornal estava prevista para aquela noite. Assim, uma das grandes sacadas do *Pasquim* acabava de ser criada, sem planejamento algum. "Tiramos o terno e a gravata das entrevistas", definiria Jaguar.

Tirar o terno e a gravata significava deixar o texto menos empolado. O *Pasquim* foi inovador em alguns métodos. O mais reconhecível deles foi fazer com o que fosse lido estivesse mais próximo da linguagem coloquial. Primeiro por acaso, como explicou Jaguar, depois intencionalmente. Assim, as entrevistas saíam dos encontros e passavam para o papel quase que na íntegra, sem copidesque ou grandes trabalhos de edição, preservando a totalidade do que havia sido falado. Como consequência natural, a entrevista era feita por muitas vozes. Dessa maneira, o *Pasquim* também derrubava aquele modelo padrão em que o entrevistador também padrão pergunta e na sequência o entrevistado, da mesma forma padrão, responde. Agora as entrevistas resultavam de conversas, muitas delas atabalhoadas, com perguntas se sobrepondo a outras perguntas. Às vezes, além das perguntas, acumulavam-se comentários, piadas, chistes, críticas... No final, tudo ficava inteligível, mas o caminho parecia menos direto e mais longo – ainda que com resultados igualmente mais divertidos.

Uma pesquisa feita pela Shell e publicada na edição de número 11 indicava que o perfil do leitor do *Pasquim* estava na faixa entre 18 e 30 anos (70%), eram assíduos e fiéis, comprando regularmente todas as edições, e ocupavam uma camada social de bom poder aquisitivo. Tais dados ajudariam Sérgio Cabral – que havia acumulado as funções de editor de texto e responsável pela publicidade – a convencer possíveis anunciantes do alto poder de penetração do *Pasquim*. Um exemplo disso foi um calhau (no jargão jornalístico, o espaço publicitário que não foi preenchido), em que o jornal sugeria que se determinado anunciante estivesse ali poderia ser visto pelas 240 mil pessoas que leem os 80 mil exemplares semanais do *Pasquim*.

Outro cânone jornalístico que passou a ser desobedecido era a pauta. Ninguém chegava com perguntas previamente estabelecidas e com um conhecimento mais aprofundado a respeito de opiniões, gostos e posições dos entrevistados. Tudo se construía na base do improviso. Alguém disparava uma pergunta, era seguido por outro e assim por diante. Não havia limite de tamanho para as perguntas – muitas vezes pareciam teses sendo formuladas –, menos ainda para as respostas.

Muito da descontração de entrevistadores e entrevistados vinha de pelo menos duas vertentes. Uma era a total intimidade que havia entre eles. Os entrevistadores estavam entre colegas, em total camaradagem, e, mesmo que eventualmente surgissem rusgas na hora da entrevista, na maior parte das vezes elas se resolviam ao natural, sem que o leitor posteriormente percebesse. A mesma intimidade existia quase sempre com os entrevistados. Como muitos deles pertenciam à patota, era natural que as entrevistas fossem combinadas em bares, restaurantes, *shows*, peças... Depois era só manter o clima. E havia ainda um ingrediente fundamental: o uísque. O malte escocês estava presente em todos os encontros. Era possível ouvir o tilintar das garrafas, dos copos e das pedras de gelo durante as gravações. O uísque servia ainda como combustível para liberar qualquer forma de timidez ou repressão. Todos se sentiam mais à vontade, e a conversa fluía com maior abertura.

Quase todos esses ensinamentos seriam adotados no futuro pelos demais jornais e revistas do país – o da pauta seria um dos poucos a não serem seguidos. O estilo *Pasquim* havia se consolidado. Era possível fazer uma entrevista de maneira descontraída e ainda assim arrancar revelações, depoimentos e até emoção dos entrevistados. O *Pasquim* estava subvertendo tudo que se sabia de técnicas de jornalismo até então, e também complicando a vida daqueles que anos depois iriam insistir na adoção dos manuais de redação pelos jornalistas. Tudo que o *Pasquim* não oferecia era padronização. Cada autor poderia ter seu estilo e isso mereceria ser mantido e respeitado.

Ao juntar jornalistas tão diferentes entre si como Tarso de Castro e Paulo Francis, ou Luiz Carlos Maciel e Millôr Fernandes – no estilo de escrever, na visão de mundo, na linguagem, no interesse pelas pautas e por quem deveria ser entrevistado –, o *Pasquim* dava a impressão de ter vários pequenos jornais dentro de um jornal maior. E era verdade. Eram feudos que se uniam em torno de um interesse comum. Interesse esse que talvez nunca tenha ficado muito claro para todos os envolvidos. Antonio Houaiss, um dos novos colaboradores da fase Millôr, reconheceria no número 97 a sua entrada no jornal: "O *Pasquim* – via Millôr – está sendo forçado a aceitar minha situação de colaborador espontâneo... Está sendo forçado mesmo, Millôr?"

O *Pasquim* não seguia regras de objetividade nem de imparcialidade. Todos tinham total liberdade sobre seus textos, e todos tinham uma maneira bem peculiar de abordar os temas e tratar os personagens.

* * *

Nessa primeira fase, três nomes não claramente identificados com o jornalismo se destacariam no *Pasquim*. O primeiro é o de Odete Lara. Elegante, culta e muito linda, Odete, paulista da capital, onde nasceu em 1930 e foi registrada como Odete Righi Bertoluzzi, era filha única de um casal que emigrara da Itália. A mãe se matou quando ela tinha 6 anos. Afastada do pai, que sofria de tuberculose, Odete morou em internatos e com outros parentes até também perder o pai, aos 16 anos, igualmente vítima de suicídio. Foi salva de um destino trágico pela beleza, que naturalmente a encaminhou a um curso de modelos e, logo depois, a um desfile de moda no Museu de Arte de São Paulo, o Masp. Dali sua aproximação com a TV Tupi – outro dos tentáculos do mesmo Assis Chateaubriand do Masp – seria natural. De garota-propaganda a atriz, Odete faria telenovelas, peças e filmes. No cinema, ela passaria por quase todas as fases, estilos, estúdios e diretores: Mazzaropi, Vera Cruz, Walter Hugo Khouri, Anselmo Duarte, Jece Valadão e Glauber Rocha. E foi este último – vencedor do prêmio de Melhor Diretor em 1969 – que estava ao lado de Odete Lara durante o Festival de Cannes, quando ela enviou para o *Pasquim* sua primeira colaboração, no número de estreia. Odete era Laura em *O Dragão da Maldade contra o Santo Guerreiro*. Cinco anos antes, ela também havia enveredado pela música, participando do espetáculo *Skindô* e gravando um disco com Vinicius de Moraes: *Vinicius & Odete*.

Este também seria outro grande destaque entre os colaboradores iniciais do *Pasquim*. Vinicius de Moraes era, na definição de Sérgio Augusto, "um *outsider*, mas um *outsider* em termos, já que fazia parte da patota e produzia um bocado". O Vinicius de Moraes que entraria no *Pasquim* em 1969 era um "velho" de 56 anos que só iria rejuvenescer pelos anos seguintes. Já consagrado como um dos maiores poetas brasileiros, brilhante sonetista e maior letrista da bossa nova, Vinicius de Moraes vivia então os primeiros meses livre das amarras diplomáticas. Pouco antes, com o advento do AI-5, havia sido afastado da carreira diplomática que tanto dignificara por 26 anos. Boatos da época diziam que a decisão do Ministério das Relações Exteriores levara em conta três critérios para o afastamento compulsório de diplomatas – corrupção, pederastia e alcoolismo –, o que gerou a história de que Vinicius, ao chegar ao aeroporto de volta ao Brasil, gritava no saguão: "Eu sou o bêbado! Eu sou o bêbado!". Inicialmente abalado pela aposentadoria imposta, logo Vinicius daria novos rumos à sua vida, excursionando como cantor, compondo cada vez mais e adotando um visual com longas camisas coloridas e cabelos compridos, que faziam dele o hippie mais velho do mundo.

No *Pasquim*, Vinicius de Moraes fez longos perfis de seus amigos, como Di Cavalcanti, Carlos Leão, Antonio Maria e Ciro Monteiro, e ainda produziu textos, poemas, participou de entrevistas e até um curioso abecedário poético-escatológico, ilustrado por Henfil e Jaguar, em que brincava: "Não tenho forma/Gosto não tenho/Cor nem se fala/Cheiro, nenhum/Quando eu sou forte/Me chamam vento/Quando eu sou cheiro/Me chamam pum".

Caetano Veloso seria outra figura muito presente nos primeiros meses do *Pasquim*. Capa da edição número 17, de outubro de 1969, Caetano daria uma longa entrevista de cinco páginas a Odete Lara. De Londres, Caetano falou abertamente sobre sua adaptação no novo país – a dificuldade em se destravar na língua inglesa, o cotidiano e a vida doméstica ao lado de Dedé ("Ficar aqui sozinho eu não saberia. Sem Dedé seria impossível") – e também seus interesses culturais, que iam de Mick Jagger a Gabriel García Márquez, de Glauber Rocha a Bob Dylan. Além da entrevista, Caetano – assim como Chico Buarque – seria também uma espécie de correspondente informal do *Pasquim*. Mandaria textos, alguns em formato de cartas endereçadas ao Sig ("Meu prezado Sigmund...") e faria comentários sobre algumas figuras da cultura brasileira que lhe chamavam a atenção – para o bem ou para o mal –, como Jorge Ben (ainda sem a alteração do sobrenome para Benjor), Nelson Rodrigues, Alceu Amoroso Lima e José Ramos Tinhorão.

Canção do exílio: Caetano numa conversa franca com Odete Lara em Londres

Assim como as entrevistas, outras tantas invenções lançadas pelo jornal cairiam no gosto do público. O *Pasquim* revolucionou o vocabulário, incorporando gírias, palavrões e neologismos ("paca", "duca", "sifu", "mifu", "pô"). Ziraldo lançaria inclusive uma página perguntando "Do you spasquinglish?", explicando com desenhos algumas dessas expressões inventadas na redação. As mudanças editoriais estariam amparadas em inovações estilísticas, tudo feito de forma empírica. E o resultado é que, a partir de então, a ascensão seria vertiginosa. Os 100 mil exemplares seriam alcançados na vigésima semana. A capa dessa edição agradecia aos "400 mil leitores" com "aquele abraço" e anunciava as atrações daquele exemplar: textos de Caetano Veloso, Chico Anysio e Jô Soares, além de uma entrevista com o "maestro Antonio Carlos Jobim, o nosso Tom". Na conversa, o autor de *Garota de Ipanema* detalhava sua parceria em disco com Frank Sinatra ("Inglês é aquela língua de índio, simples. Eu não tenho o menor problema de comunicação com o Sinatra"). Em resposta a Sérgio Cabral, falava de seu sucesso financeiro — "Se eu tivesse ganhado 500 mil dólares (com os direitos autorais de *Garota de Ipanema*), eu jamais falaria com você" — e artístico ("uma vez que você faz um sucesso todo mundo lhe cobra o sucesso. Eu diria que a maior bênção do artista é o anonimato"). Quando perguntado se havia alguém na música brasileira de quem ele não gostasse, Tom encerrou a conversa: "Não sei, rapaz. Eu acho que gosto de todo mundo".

O mesmo número 20 do recorde de 100 mil exemplares vendidos vinha com um texto de Tarso de Castro, em forma de carta, em que ele se dirigia aos "Senhores do *Pasquim*". Citando todos da redação (Millôr, Jaguar, Olga Savary, Ziraldo, Maciel, Francis, Sérgio Cabral, Henfil, Claudius, Fortuna), Tarso debocha dos leitores, que "perdem tempo lendo as besteiras que vocês escrevem", e do material publicado. De maneira irônica, ataca os entrevistados – "entrevistaram o Ibrahim Sued logo de saída, esperando com isso conseguir uma notinha na coluna dele" – e encerra fazendo um ataque a si próprio: "Esse rapaz já provou com grande categoria que não serve e, se vocês ainda pensam em salvar o *Pasquim*, tratem de se livrar dele".

A profecia de Tarso de Castro demoraria um pouco mais para se confirmar. Antes disso, o *Pasquim* logo chegaria a 117 mil exemplares vendidos (no nº 22, com a entrevista de Leila Diniz, em novembro de 1969); a 140 mil no número seguinte (que trouxe a capa com o Sig comemorando a tiragem com uma medalha no peito e citando alguns dos colaboradores, entre eles

Caetano Veloso, Aracy de Almeida, Chico Anysio e Jô Soares) e a 200 mil no nº 27. Naquele período, o *Pasquim* vendia mais do que *Manchete* e *Veja*, dois dos fenômenos editoriais da época e que eram amparados por sólidos grupos empresariais.

O primeiro grande exemplo do sucesso das entrevistas foi Leila Diniz. Leila era da patota. Figura querida e admirada por todos em Ipanema, a atriz também já se destacava como um dos símbolos de sua geração. Liberada, independente, segura de si, protagonizava um feminismo que não via o homem como inimigo, e sim como aliado. Além do mais, era charmosa, interessante, bonita e inteligente. Era até estranho que ela tenha demorado tanto para aparecer com destaque nas páginas do *Pasquim*. Entrou quase que atendendo a uma queixa do ator Paulo Cesar Pereio, amigo dela e de Tarso; deste último desde os tempos do Teatro de Equipe, em Porto Alegre. Conversando com Tarso na praia, Pereio se queixou que o *Pasquim* tinha pouca mulher. Tarso entendeu o recado e saiu dali direto para o Jangadeiros, onde sabia que encontraria Leila, que costumava bater ponto por lá. Leila há pouco havia filmado *Todas as Mulheres do Mundo*, dirigida pelo ex-marido Domingos Oliveira e tendo como par romântico o ator Paulo José, outro amigo de Tarso e de Pereio dos tempos de Porto Alegre.

Leila topou o convite na hora. Além disso, a ela deve ter parecido natural que em um jornal que viu surgir — e sendo entrevistada na casa que Tarso e Barbara haviam alugado na Rua Paul Redfern, cercada por amigos com quem estava acostumada a beber nas mesas de bar — nada mais justo que pudesse se expressar à sua maneira: livre, desbragada e desbocada.

E foi bem assim. A que viria ser a polêmica entrevista com Leila Diniz, na época com 24 anos, começava da maneira mais banal, com Sérgio e Tarso fazendo perguntas genéricas sobre cinema. Já na segunda resposta surge o primeiro palavrão, quando Leila emite uma opinião sobre um filme que não gostou. A sequência se manteria no mesmo nível, com a atriz dando palpites sobre atores, filmes, diretores, novelas e – no meio de tudo isso – seu namoro com Domingos Oliveira. Aí Jaguar entra rachando e pergunta: "Quantos casos você já teve, depois da separação?". E Leila responde: "Casos mil, casadinho nenhum. Na minha caminha dorme algumas noites, mais nada. Nada de estabilidade". Passada essa primeira parte mais confessional, novamente o papo enviereda pelo cinema, com mais comentários dela, agora também sobre Nelson Pereira dos Santos e uma rápida pincelada sobre o relacionamento dela com o ator Arduíno Colasanti.

Logo depois, a entrevista começa a esquentar. Primeiro com uma declaração de Leila – "Eu já amei muitos e espero amar mais ainda" –, e depois com uma crítica a qualquer espécie de censura artística. "Censura é ridículo, não tem sentido nenhum. Do jeito que é feita, inclusive não tem nenhuma noção de justiça, cultura, nem nada." O sexo voltaria à pauta com Leila respondendo a Sérgio sobre sua proximidade com o ator Zózimo Bulbul e se há alguma diferença sexual entre o negro e o branco. Resposta de Leila: "Eu só tive um homem negro. E não vou comparar meus homens porque é sacanagem. Dizem que os negros têm mais potencialidade e etc. Eu acho que é a mesma coisa. Depende do cara". À vontade, Leila aproveita para explicar sua relação com as palavras de baixo calão – "Sempre disse palavrão, Jaguar, você está enganado. Dizia menos. Com o tempo, fui ficando desinibida e mais segura" – e aproveitou para lembrar quando perdeu a virgindade, com 15 para 16 anos, nem muito cedo nem muito tarde. "Acho que foi na hora."

No final da entrevista, Leila ainda receita a Luiz Carlos Maciel: "uma pessoa para manter uma vida sexual saudável, equilibrada etc., deve dar quantas por semana?". "Isso não tem medida. O cara pode dar uma e você passar até um ano. Acho difícil. Mas pode. Agora, acho bacana se pudesse ser todas as noites. Mas tudo depende de você estar ligada na do cara". E também fala sobre como encarava o lesbianismo. "Esse negócio de lesbianismo é uma coisa de carência afetiva. Todo mundo quer ser amado. Como homem e mulher foram criados com muitos problemas, o que eles devem fazer seria feio ou pecado etc. ..., duas mulheres acabam querendo se apoiar uma na outra. Eu acho o lesbianismo triste por causa disso."

Como a entrevista de Leila vinha pontuada por palavrões – 72 no total – e parecia impossível pensar em qualquer espécie de censura interna, Tarso de Castro teve uma outra grande sacada: pontuar cada palavrão com um asterisco. Deu certo. Aparentemente, o jornal estava obedecendo à ordem e deixando claro que a linguagem padrão estava sendo preservada. Mas, na verdade, o *Pasquim* estava sendo ainda mais desafiador ao tratar como idiotas os que estavam de olho na publicação. Quem não percebia que o que Leila Diniz queria dizer estava tudo ali? Paradoxalmente, da maneira mais explícita que poderia ser apresentada.

Junto com seus mais de cem mil leitores, a entrevista de Leila Diniz ao *Pasquim* traria a atenção da censura governamental. Aquela mulher, com menos de 30 anos, atriz, falando de temas polêmicos e tabus de maneira franca e escrachada – e com um vocabulário repleto de palavrões – não poderia passar impune diante de um governo que chegara ao poder tendo a defesa da tradição, da família e da propriedade como seu pilar. Assim, pouco tempo depois da entrevista, seria instaurada a censura prévia aos meios de comunicação no país. Uma nova Lei de Imprensa que ficaria popularmente conhecida pelo nome da atriz.

Mesmo sob o olhar agudo da censura, Leila Diniz, deslumbrante, voltaria à capa do jornal na edição 37, de março de 1970, desconcertando o Sig, com quem ela dividia a página. Internamente, mais duas fotos dela, numa de vestido, noutra de vedete. Leila era atração da seção Dica de Mulher, espaço sempre dedicado às amigas/musas da redação: Odete Lara, Renata Deschamps, Claude Amaral Peixoto, Gesse Gessy (apresentada em texto por Vinicius de Moraes), Tânia Scher, Maria Lúcia Dahl, Maria Cláudia, Tetê Medina, Maria Gladys.

O *Pasquim* também parecia jornalisticamente consolidado. No começo de 1970, com menos de seis meses de existência, o jornal já havia inscrito seu nome na história da imprensa brasileira. E com a fama viriam as pressões. Agora a barra iria começar a pesar mais ainda.

* * *

Se Leila Diniz, obviamente de maneira involuntária, havia colocado a censura dentro da casa do *Pasquim*, em poucos dias o jornal já não teria a sua primeira casa. O estopim teria sido uma entrevista do compositor e humorista Juca Chaves publicada na edição de número 26. Na entrevista, Juca Chaves, de origem judaica (seu sobrenome original é Czaczkes), teria se queixado da revista *Manchete* e dito: "Acho que o Adolpho Bloch é antissemita". O que era para ser claramente uma piada – Adolpho também era judeu – transformou-se numa crise, já que três dias depois Sérgio Cabral foi comunicado pelo dono da distribuidora que a partir daquele momento não haveria mais distribuição e também que a redação deveria deixar imediatamente a sala que ocupava no prédio e que era cedida pela distribuidora. A primeira parte do problema foi contornada com uma negociação imediata com a família Civita, que concordou em assumir a tarefa pela Abril Distribuidora. A segunda foi um pouco mais difícil, mas no número seguinte a equipe já ocupava uma nova redação na Rua Clarisse Índio do Brasil. Somados a esses problemas, começavam também os primeiros movimentos do racha interno. Claudius se desentendera

Leila Diniz: a musa total, da gravidez aos palavrões

com Tarso de Castro, Prósperi havia pedido para sair (a primeira baixa da turma inicial) e Tarso também havia se atritado com Murilo Reis.

Porém, apesar do clima pesado, a ameaça mais concreta e assustadora ocorreria em março. Uma bomba havia sido colocada na sede que o jornal já ocupava na Rua Clarisse Índio do Brasil e só não explodiu por incompetência e inabilidade de quem a colocara lá, muito provavelmente gente ligada aos órgãos de repressão. No editorial "A bomba", os editores explicariam detalhes da ameaça de atentado: "O detetive Penteado, perito do Dops, após examinar a bomba, afirmou que foi a maior que encontrou num atentado terrorista. A carga pesava cinco quilos, isto é, o dobro daquela colocada na loja do *Correio da Manhã*, na Avenida Rio Branco, que destruiu não só a loja como todas as janelas do prédio de cerca de 25 andares". A narrativa seguia lembrando que "se a bomba explodisse atingiria a sede do *Pasquim* – matando o vigia e sua família – e alguns prédios vizinhos", e que se houvesse desdobramento na ação "os seus estilhaços poderiam atingir um gasômetro instalado aproximadamente a cem metros do *Pasquim*", transformando-se na "maior catástrofe já ocorrida no Brasil".

Descrentes de qualquer gesto de solidariedade e/ou garantia de defesa, os editores do jornal encerraram o texto dizendo desconhecer "qualquer providência governamental para descobrir os autores do atentado ou para proteger o *Pasquim*".

Dias depois o jornal riria do episódio, obviamente sem poder citá-lo. O *Pasquim* número 39 chegaria às bancas com uma ilustração em que o Sig aparecia de Estátua da Liberdade. No lugar da tocha, uma edição do *Pasquim* ardendo em chamas. No título, uma meia verdade: "Este número foi submetido à censura e liberado". O que não foi dito, e o leitor mais antenado sacaria, é que a edição havia sido retalhada pelos censores.

Quem estreou no papel na redação foi Dona Marina, uma senhora cordial, civilizada, que se aproximaria da patota e, claro, logo perderia o emprego. Era também chegada a uísque, que Jaguar graciosamente liberava a ela, o que a atrapalhava um pouco no desempenho das funções. Seu substituto, bem menos acessível, era o general da reserva Juarez Paz Pinto. Fora do quartel sua principal credencial era o fato de ser pai de Helô Pinheiro, a garota de Ipanema que inspirara Tom Jobim e Vinicius de Moraes. Cabia a Jaguar e Ivan Lessa negociarem com ele. Quando conseguiam reverter alguma decisão do censor, Ivan e Jaguar ainda ouviam a advertência em forma de pergunta: "Tem certeza mesmo que não há nada subversivo aí?". Nem tão liberal quanto Dona Marina, o general se permitia algumas generosidades, como, por exemplo, pedir que as laudas, principalmente as de Paulo Francis, que chegavam por último pelo malote da Varig, fossem levadas à barraca onde ele se instalava na praia. Lá, debaixo de um guarda-sol, o general exercia seu poder de determinar ao que os leitores poderiam ter acesso, embora ele mesmo admitisse que quase não entendia nada do que estava nos textos de Paulo Francis. Depois, de calção e toalha, ia ele próprio devolver o material já devidamente rabiscado na redação do jornal. Tamanha displicência se transformaria em problema e o general também seria afastado. Em uma dessas idas e vindas à praia, ele deixou passar a entrevista de uma antropóloga americana que numa entrevista garantia haver racismo no Brasil. Angela Gilliam, na edição 227, ao ser perguntada se havia discriminação no país tropical, respondeu de maneira afirmativa. A entrevista começava com Jaguar narrando como havia conhecido a antropóloga, e a primeira frase do texto de abertura não poderia ser mais politicamente incorreta aos olhos de hoje: "Uma mulata tamanho família e dois crioulos entraram na redação e vieram direto à minha mesa..." Na conversa inicial, Jaguar descobre tratar-se de uma professora da Universidade de Nova York, acompanhada de dois brasileiros, um ligado à escola de samba e o outro um estudante de Economia. Angela estava ali para sugerir seu nome como entrevistada do jornal. Aceita a proposta, Angela traçou comparações entre a situação do negro nos Estados Unidos e no Brasil, e falou que aqui no país não apenas havia preconceito racial como também existia o "preconceito de não ter preconceito". Publicada, a entrevista causou uma revolta posterior nos censores – muito provavelmente pelo fato de ter vindo uma advertência superior informando que declarações como aquelas pouco ajudavam a melhorar a imagem brasileira no exterior, principalmente como a de um país democrático e tolerante. O governo achou imperdoável. Depois da falha do pai da garota de Ipanema, o *Pasquim* passou a ser censurado em Brasília, no Centro de Informações do Exército, onde as chances mínimas de camaradagem e de negociação eram quase nulas. Uma situação que se estenderia até 1975.

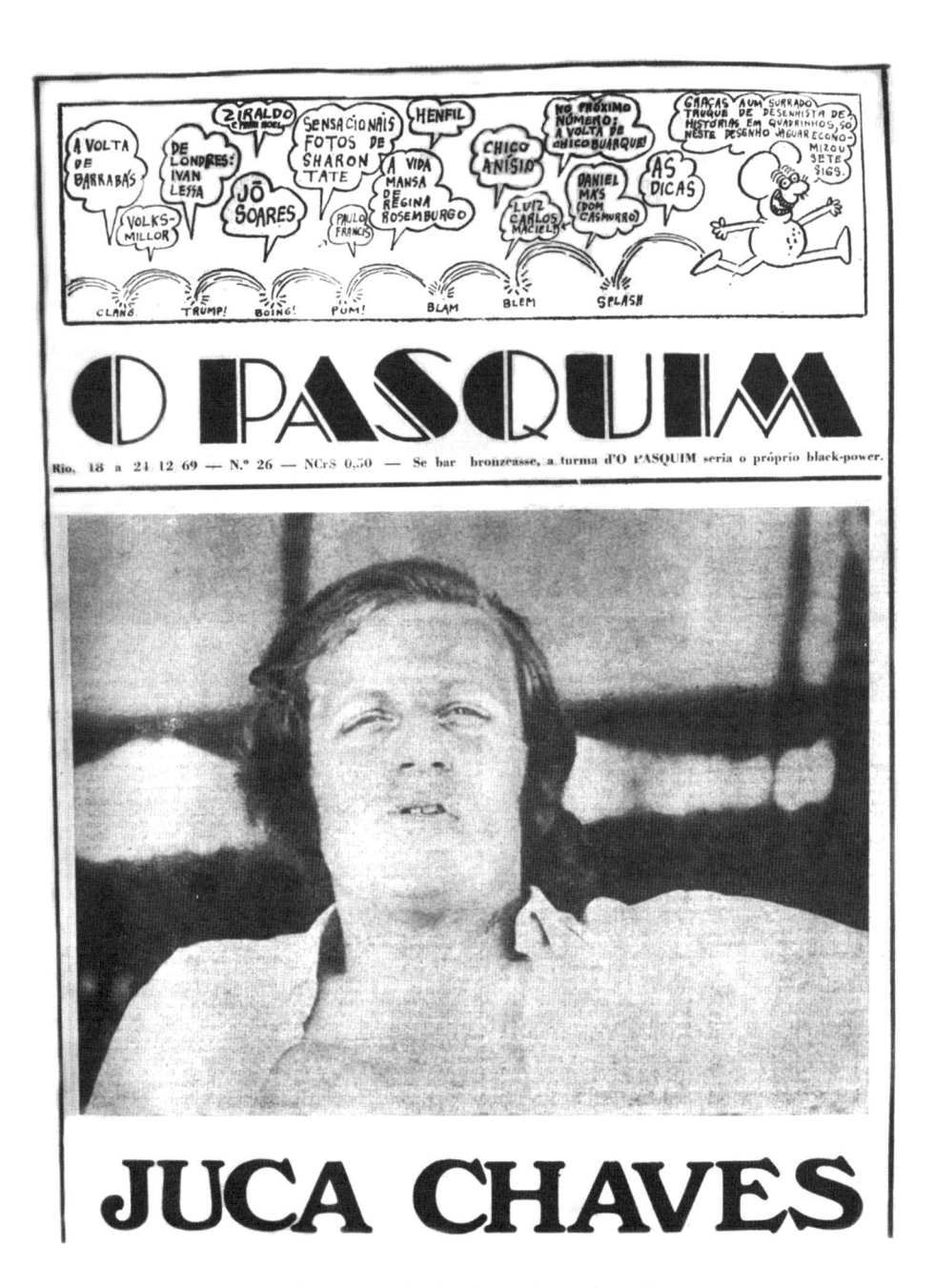

Juca Chaves: um judeu fazendo piada antissemita

Márcio Pinheiro 47

CAPÍTULO 2

A GRIPE

Em junho de 1970, iniciou-se a censura prévia ao *Pasquim*. Ainda assim, a equipe conseguia contornar os censores e aprovar algumas matérias. A oposição sistemática do jornal ao governo militar e o sucesso editorial que vinha tendo passaram a incomodar o regime que, não sabendo muito bem como agir, resolveu sair cortando tudo o que parecia subversivo. Os censores cortavam até o que não entendiam. Numa edição, um poema hermético de Luiz Carlos Maciel, com linguagem rebuscada e ininteligível, foi devolvido com um imenso "x" riscado com caneta vermelha de ponta a ponta. Os editores tentaram argumentar que o veto era exagerado, até porque o poema "não tinha pé nem cabeça". A resposta do censor foi instantânea. "Por isso mesmo. O que o Maciel está passando ao leitor é que como eu não posso escrever o que eu quero eu escrevo para ninguém entender".

O prestígio e as invenções dos jornalistas do *Pasquim* cresciam num nível tão avassalador que em determinado momento, na edição de número 64, de setembro de 1970, Jaguar se deu ao luxo de nem sequer pensar num texto elaborado para preencher uma página. Revoltado com o atraso de

Tarso, o cartunista pegou a página em branco que deveria ser usada pelo colunista e a encheu de intermináveis blá-blá-blás. A mesma história teria outra versão interna. Tarso confirma o atraso, mas diz ter chegado a tempo de pegar o fechamento e executar ele mesmo a sua ideia de preencher as laudas com seu blá-blá-blá. No pé do texto, apenas uma nota da redação explicando o porquê daquela crônica que tinha o título de "Jáco!". "Estas são algumas das mulheres, sobre as quais Tarso prometeu escrever dizendo que jáco. Provavelmente deve estar jácom mais uma, pois não entregou o texto". Independentemente da autoria, o fato é que a brincadeira deu certo.

Na mesma linha do absurdo-inovador está inserida no contexto – para usar uma expressão da época – a "não entrevista" concedida ao jornal pela quase improvável dupla Tim Maia e Rita Lee. Para começar, a chamada de capa era minúscula. Internamente eram apenas quatro páginas de entrevista – curta para o padrão pasquiniano –, com duas fotos da dupla (nas duas com Tim Maia bebendo), uma só dele e três só dela. Tudo isso sem título e com um pequeno texto de abertura apresentando muito por alto os dois entrevistados: ela como "prima musical de Caetano e Gil", ele como "ex-companheiro de Roberto Carlos". Em entrevista a um *site* em 2014, Jaguar recordaria o encontro. "Quando Tim Maia teve seu primeiro disco nas paradas, o *Pasquim* resolveu entrevistá-lo. Havia um problema: ele, como era ainda desconhecido, não segurava uma entrevista sozinho. Resolvemos chamar Rita Lee, que também estava despontando". Participaram como entrevistadores Sérgio Cabral, Flávio Rangel, Martha Alencar, Luiz Carlos Maciel e Fortuna, que pouco ou nada conseguiram arrancar de seus entrevistados.

O fracasso da entrevista, segundo Nelson Motta em *Vale Tudo – O Som e a Fúria de Tim Maia*, poderia ser explicado pelo fato de a dupla ter derrubado um dos segredos do *Pasquim*: o porre que os entrevistadores tomavam com os entrevistados em que todos ficavam destravados e soltavam as línguas. "Os entrevistadores insistiram muito, mas Tim e Rita só beberam água durante toda a conversa, muita água, porque estavam com a boca seca do baseado torrado no quintal da casa do *Pasquim*", escreveu Nelson Motta, completando a seguir: "Acusados de copiadores de música americana e da alienação política, os dois anarquistas se fecharam, enrolaram e mentiram deslavadamente". As perguntas mornas, as respostas evasivas, nada disso importou. Os leitores acharam a entrevista uma sacada genial.

a baixo. A gente acabou o espetáculo devendo ainda e tivemos que trabalhar pra pagar tudo. Aí nós nos separamos. O Arnaldo foi de moto pros Estados Unidos, eu fui pra Europa. Aí quando a gente voltou tinha mil coisas pra contar um pro outro aí resolvemos ficar juntos de nôvo.
Fortuna — Isso foi antes ou depois do disco Divina Comédia?
RITA — Foi depois.
Maciel — Qual seria a diferença, o que vocês estão querendo fazer com o som de vocês?
RITA — Primeiro a aparelhagem. Nós compramos uma bateria de dois bumbões, em vez de chimbau tem dois bumbos, é muito bonita, dá aquêle balanço. Tem mais dois caras no conjunto, o Arnaldo passou pro órgão, tem uma baixista e outro baterista. Surgiu uma nova idéia de tudo isso porque a gente estava prêso a guitarra, baixo e bateria. Agora vai sair muita coisa.
Maciel — Tem alguma coisa que vocês tivessem escutado e que tivesse impressionado vocês pra começar a mudar o som?
RITA — Agora nós estamos pensando mais em ensaiar o improviso. Todo mundo diz que chega lá improvisa, mas não é nada disso, tem que se ensaiar pra fazer o improviso legal. Então, a gente toca horas e horas por dia, fica muito entrosado, chega lá no palco e faz um negócio bacana.
Flávio — Rita, qual seria, na sua opinião, a ligação afetiva, artística ou cultural que você e os Mutantes têm no mundo da música de hoje? É na linha dos Beatles. O que é que vocês estão procurando? De quem vocês são primos?
RITA — Nós somos primos de Caetano e Gil. Êles que nos apresentaram à música brasileira que a gente não topava mesmo, nós cantávamos em inglês. Tentávamos ouvir alguma coisa, mas não dava certo. Então, êles chegaram no tempo de Alegria, Alegria e mostraram pra gente; olha, isso aqui é música brasileira também. Então abriu o ôlho de todo mundo e pediram em troca as guitarras porque êles não sabiam manejar aquilo. Foi uma experiência de simbiose.
Flávio — Devo compreender que na sua opinião Caetano e Gil são as personalidades mais importantes da música brasileira atual?
RITA — Sim.
Fortuna — Aquela experiência crítica da interpretação de Chão de Estrêlas, vocês pretendem seguir êsse caminho?
RITA — Não. Nós fizemos isso porque eu acho que o brasileiro não deve ficar nessa de não mexe na, é um ídolo aquela linha. Eu acho bacana fazer o que os Spike Jones fizeram, ficou tão bom quanto o dêles, eu acho.
Flávio — Tim, essa pergunta que eu fiz pra Rita também é pra você. Eu gostaria que você desse o seu panorama da música brasileira agora, a que grupo você se liga, se é que você se liga a algum.
TIM MAIA — Os compositores que eu gosto mais atualmente são Cassiano, Ivan Lins, Marcos Vale.
Flávio — Onde é que você situa Tom Jobim em relação à sua música e à música brasileira?
TIM MAIA — Eu acho que Tom Jobim é bom demais, eu nem comparo nem nada. Êle está em outra, é muito bom. O conhecimento harmônico e musical dêle é bem maior dó que o meu.
Marta — Tim, eu queria saber que tipo de formação cultural você teve, aonde você foi criado e tal.
TIM MAIA — Eu fui criado aqui no Rio, estudei até o terceiro ano ginasial aqui no Rio, fui pra Nova York com 16 anos, fiz um curso de americanização em seis meses, depois, eu cursei dois anos de high school, depois fiz um curso sem crédito universitário na Universidade de Nova York e depois se parei de estudar.

Maciel — Conta um pouco o que você fez em música lá, se você trabalhou, aprendeu com alguém.
TIM MAIA — Eu formei um conjunto vocal, eu sou muito chegado à vocalização, sempre cantei em conjunto, fax dois anos que eu estou cantando sòzinho. Eu formei um conjunto e nós gravamos dois discos lá. Eu fiz uma música com um dos componentes do conjunto chamado New Love e Go Ahead And Cry que foi o segundo disco e que saiu um pouquinho mais. Agora, eu cantei em vários conjuntos antes de formar êsse. Cantei muito em vocal também, êles chamavam a gente pra fazer gravações.
Maciel — Na condição que você estava de um músico que não tenha estourado, um músico normal que vem em Nova York, quanto é que êsse cara fatura mais ou menos?
TIM MAIA — O músico profissional em Nova York ganha 51 dólares por três horas de estúdio. Não é permitido ficar além de três horas no estúdio porque ficou provado cientificamente que depois de três horas no estúdio a cuca funde. Então êle ganha 51 dólares que é bem regulado pela União dos Músicos. O músico profissional ganha relativamente bem nos Estados Unidos.
Sérgio — Você tinha problemas de trabalho, sendo brasileiro?
TIM MAIA — De trabalho não porque tem sempre uma neve pra limpar, um carro pra limpar.
Sérgio — Eu digo em música.
TIM MAIA — Em música tem problema por causa da concorrência, os músicos são muito bons e existem mil músicos lá esperando trabalho. Gravar profissionalmente é bem difícil lá. Agora, lá tem muito conjunto vocal e é mais fácil gravar vocal do que instrumento.
Maciel — Você acha que o soul é a melhor forma de música americana, tem algum privilégio em relação às outras?
TIM MAIA — O privilégio que existe é sentimento, expressão. O soul music é um blues brasileiro, êles denominaram de soul music mas é o mesmo blues, o negro americano canta mais, toca mais.
Maciel — Quem são os seus cantores prediletos?
TIM MAIA — Eu gosto de Rolling Stones, Stevie Wonder... Pra mim o seguinte: primeiramente são os prêtos cegos, depois os cegos, os prêtos, depois os brancos. Se fala em soul music aqui, mas eu acho que até agora ninguém entendeu o que é soul music. Como eu já disse soul music e blues ritmados, tem o sweet soul music também que é um blue sem ritmo, mas é uma coisa que pra assimilar tem que viver durante algum tempo, se dedicar muito àquilo pra você se conseguir. Por que é uma coisa inata, depende muito de sentimento, de ligação, o cara tem que se ligar muito naquela. Eu acho que aqui no Brasil tem uma influência americana e acha boa essa influência. Eu pergunto a você: se você sofreu essa influência, em que sentido você sente essa influência?
TIM MAIA — Nas minhas músicas, no que eu faço, eu tento fazer o que eu sinto mesmo, sem influência. No meu caso, eu vivi lá, com êles e muitas vêzes eu me esqueça até que eu estava vivendo lá. Depois de três anos você já esquece que está vivendo lá. Então, você só se preocupa com isso porque você já está lá.
Maciel — Rita, quais são as cantoras brasileiras que você gosta?
RITA — Eu gosto de Elis, (pausa enorme — N.R.) Nara, Elza Soares.
Flávio — Eu queria dizer aos leitores do Pasquim que o Tim Maia bebe muito pouco e a Rita não bebe nada.
RITA — A década da bebida ficou pra trás.
Maciel — Eu acabei de ler um negócio sôbre o festival da ilha de Wight que contou que lá o Jim Morrison do The Doors, só tomou uísque Southern Comfort, aquêle bourbon que tem lá e disse que só bebia uísque porque era uma tradição americana e só é um americano tradicional. Você acha que gosta de uísque. Mas tem coisa muito melhor.

Fortuna — Rita, na sua opinião qual é o maior barato?
RITA — Não sei, tem tanta coisa. Ontem foi o maior barato, uma viagem linda.
TIM MAIA — Eu acho que no fim das viagens e de todos os baratos você acaba tomando um copinho de uísque.
TIM MAIA — Eu acho que no Brasil, que é um país tão rico musicalmente, é a tentativa de se fazer comédia musical, ou drama musical, ou espetáculo musical. Há experiências naturalmente, agora mesmo há umas duas em cartaz. Mas é incrível como nesse país ainda não se fêz isso da maneira como se faz nos Estados Unidos.
TIM MAIA — Eu acho que no Brasil existe elemento humano artístico e tudo, mas existe muito bico nisso tudo, tem muito bico na jogada. O Cassiano, por exemplo, é um compositor dos melhores que existe no Brasil, êle está completamente apagado, ninguém procura êle. No entanto êle tem uma bagagem de músicas lindas. Não existe muitas outras. É Genival Cassiano. Ele é carioca, cantava num conjunto chamado Os Diagonais. Êle é dêsse conjunto e tem êle está em São Paulo, na Casa de Deus, uma casa que nós temos lá.
Flávio — Quem é o Cassiano?
TIM MAIA — O Cassiano, pra mim, é um dos melhores compositores que existe aqui no Brasil. Êle é autor de uma música chamada Primavera, e uma outra mais qualquer coisa. Êle é carioca, e está agora em São Paulo numa casa chamada Casa de Deus, uma casa que chama assim porque lá não falta nada, sempre tem tudo — as coisas, as moças, as bebidas e tudo o resto.
Maciel — Que idade tem o Cassiano?
TIM MAIA — Tem 26 anos, a minha idade, mais ou menos. Ele toca muito bem.
Sérgio — Você gravou música dêle?
TIM MAIA — Gravei "Primavera" e fiz músicas com êle.
Flávio — Rita, você acha que dar a pé pra gente fazer no Brasil, um musical brasileiro?

Rita Lee e Tim Maia: dois doidões num papo careta

Márcio Pinheiro

Assim como haviam achado meses antes igualmente genial o texto do mesmo Tarso, na edição de número 54, de julho de 1970, em que ele elencava uma série de amigos (dos sexos masculino e feminino) – e também alguns desafetos – classificando a todos como "Bicha". Millôr abria a lista ("Millôr Fernandes chegou da Europa e é bicha..."), sendo seguido por Martha Alencar, seu marido Hugo Carvana, Sérgio Cabral, Paulo Francis, Chacrinha. Até o craque Gérson, com quase nenhum vínculo com a turma do *Pasquim*, entrou na roda. No total eram 101 personagens, aí incluídos Leonel Brizola, João Goulart e o discreto Carlos Drummond de Andrade. O único que Tarso negou ser bicha e rotulou como "macho" foi o dramaturgo Nelson Rodrigues, um dos personagens preferidos pela turma do *Pasquim* para ser achincalhado.

Quando era atacado, Nelson Rodrigues respondia, quase sempre em sua coluna em *O Globo*, aproveitando também para se vingar de outros desafetos, como neste texto publicado em 19 de setembro de 1969. "De mais a mais, o Dr. Alceu, em entrevista que concedeu ao jornal *O Pasquim*, apresenta uma versão que é toda uma deliciosa fantasia retrospectiva. Mas vamos aos fatos. Simplesmente, eu quis ser amigo do velho Tristão, e Deus sabe que para isso fiz o diabo. É conhecida a posição do Dr. Alceu contra o meu teatro. Sua única exceção foi chamar *Vestido de Noiva* de 'obra-prima do moderno teatro brasileiro'. De *Álbum de família* disse: 'pior subliteratura'. *Anjo negro* pareceu-lhe de uma torpeza inexcedível. De *Perdoa-me por me traíres* afirmou que 'a abjeção começava no título'. E fez mais a seguinte síntese do meu teatro: 'peças trágicas, mas obscenas.'" E depois de fazer seu ataque ao Dr. Alceu, Nelson voltou-se contra o *Pasquim*: "De vez em quando, vem alguém me dizer: 'O *Pasquim* te meteu o pau!'. Ora, não me considero uma glória oficial. De mais a mais, de 30 anos para cá, já se disse o diabo de mim. Quando soube que o *Pasquim* me atacara, pensei num insulto originalíssimo ou mesmo inédito. Ou por outra – não pensei em insulto. Tratando-se de uma revista de humoristas, cuidei que fosse piada. Naturalmente os humoristas do *Pasquim*, por uma obrigação de *métier*, faziam graça às minhas custas. E comprei o *Pasquim*". No final, novo ataque a Alceu de Amoroso Lima. "O meu nome surgia numa vasta entrevista do Dr. Alceu. A folhas tantas, um dos entrevistadores pergunta ao mestre se ele não me achava um 'mau-caráter'. A resposta do velho Tristão foi surpreendente: 'Eu não julgo ninguém', respondeu, encantado com a própria saída. Nada descreve meu espanto, para não dizer o meu horror. Se 'não julga ninguém', então não existe o bem e o mal. Por outro lado, constatamos que, aos 70 anos, o Dr. Alceu, não julgando nem Cristo, nem Barrabás, ignora qual dos dois é o canalha".

Armando Marques seria a atração oferecida pelo *Pasquim* para comentar a Copa do México de 1970 para o jornal. Aos 40 anos, Armando Marques era considerado um dos melhores (e mais polêmicos) árbitros brasileiros. Seu estilo rigoroso na aplicação das regras futebolísticas trombava com sua imagem afetada. Não escondia sua homossexualidade em um meio extremamente machista como o futebolístico. Da patota, Armando Marques já era próximo desde pelo menos a entrevista concedida três meses antes. Na conversa, ele não fugiu de nenhuma pergunta, nem quando Sérgio Cabral disparou: "Você disse que 'bicha, bicha' é o seu hino..." No clima debochado, o árbitro não deixou a bola cair. "É o meu hino, filho. Eu já registrei. Não adianta você querer ficar com ele que não dá, nêgo". Sérgio insistiu no tema. "Quando a torcida grita 'bicha, bicha', a torcida tem razão?". A resposta: "Eu nunca me preocupei com isso porque eu sempre dei à minha vida o que eu sempre desejei e quis".

Logo, era tudo isso que Armando Marques tinha a oferecer ao *Pasquim*: sua experiência de quem apitou finais de campeonatos cariocas, paulistas e brasileiro, além de dois jogos da Copa do Mundo da Inglaterra, em 1966, aliada a um temperamento irônico, debochado e às vezes até agressivo.

Se Armando Marques foi a estrela do *Pasquim* na Copa, no pós-Copa, já com o Brasil tricampeão e com a taça Jules Rimet (quase que) definitivamente no Brasil – depois de conquistado definitivamente em 1970, o troféu seria roubado em dezembro de 1983, da sede da Confederação Brasileira de Futebol, e posteriormente derretido –, o grande destaque foi a entrevista com Gerson. O meia da seleção foi brindado com quatro páginas, em que confirmou o apelido de Papagaio, falando muito sobre tudo e sobre todos. Reconheceu que não ficava calado durante um jogo, muitas vezes orientando os colegas com palavrões, confirmou a fama de fumante (um maço por dia), disse que Pelé e Tostão eram os únicos dois gênios do futebol e admitiu que muito provavelmente não teria condições físicas para disputar a próxima Copa, a de 1974, na Alemanha – o que acabou se confirmando. Na pergunta mais polêmica, feita por Armando Marques, sobre a importância de Zagalo e João Saldanha, Gerson não ficou em cima do muro, porém admitiu que os trabalhos dos dois foram complementares. "Nós, jogadores, devemos tanto ao Saldanha como ao Zagalo a conquista da Copa do Mundo."

A falta de eleições e a impossibilidade do exercício democrático de livre escolha pelo voto fizeram com que o *Pasquim* criasse seus próprios pleitos. A partir do número 66, o jornal lançou a escolha do Homem sem Visão do Ano. A edição trazia numa das páginas uma cédula que o leitor podia recortar, preencher e enviar seu voto. Apurações parciais eram divulgadas com o nome dos indicados, quase sempre pessoas vinculadas e/ou simpatizantes ao governo.

A situação se agravava pelo fato de o *Pasquim* se mostrar tão anárquico e desaforado que conseguia irritar os defensores do regime até quando entrevistava seus simpatizantes. Primeiro foi com Roberto Carlos, cantor surgido na onda da Jovem Guarda em meados dos anos 1960 e que então já se tornara um dos maiores fenômenos artísticos do Brasil, quase sempre pautando sua atuação fora dos palcos pela discrição e pelo comportamento apolítico. O bom mocismo de Roberto Carlos garantiu ao jornal duas edições dedicadas à entrevista que representaram um total de mais de 450 mil exemplares vendidos. No dia da entrevista, a redação ficou lotada de fãs e o bairro parou diante da casa onde ficava o jornal. Lá dentro, o clima era ameno com os entrevistadores sendo seduzidos pela simpatia do entrevistado. Roberto Carlos vendia apenas por ser Roberto Carlos – e também por aparecer na primeira página sem camisa e com as inefáveis correntes no pescoço e no pulso, no número 68. Sabe-se Deus como, Tarso conseguiu convencer Roberto Carlos a ficar nu numa banheira. Ainda assim a entrevista era morna, refletindo toda a caretice do cantor, incapaz de uma opinião mais agressiva, contundente ou provocante. A edição seguinte, com o título "A vida íntima de Roberto Carlos" e a foto feita por Paulo Garcez, trazia um longo depoimento assinado por Tarso de Castro, "Minha vida íntima com Roberto Carlos", em que o autor da reportagem se expunha mais do que o entrevistado.

Em termos de conteúdo e de conversa, a situação estava melhor em outras páginas: a reportagem de Luiz Carlos Maciel sobre Janis Joplin, com fotos de Ricky Ferreira mostrando a cantora americana fazendo *topless* na Barra da Tijuca; e em outra edição, a de número 67, o escolhido para encabeçar o bate-papo era o apresentador Flavio Cavalcanti. Aos 46 anos, com um extenso currículo televisivo, Flavio Cavalcanti comandava o programa que levava seu nome e que despontava entre as maiores audiências da televisão brasileira. O cabelo penteado para trás e os óculos pretos com armação grossa lhe davam um aspecto muito semelhante ao de Carlos Lacerda, um dos líderes civis do Golpe de 64. De Lacerda, Flavio não copiava apenas o visual. Era afinado politicamente com o líder udenista. Anos antes, Flavio Cavalcanti havia criado a maneira mais radical de fazer crítica musical: quebrando os discos. Com estilo polêmico e comportamento dramático (muitas vezes chorava diante das câmeras), o apresentador conseguia transformar uma simples entrevista em um acontecimento. Quando ainda estava na TV Rio, comandando o programa *Noite de Gala*, conseguiu um furo internacional. Em uma viagem aos Estados Unidos, Flavio arriscou o que poderia ser impossível: entrevistar o presidente John Kennedy. E o mais impressionante não foi conseguir a entrevista. Foi convencer a todos que cercavam Kennedy, até a segurança do FBI, de que ele era um comunicador respeitado em seu país, com condições de fazer uma entrevista como correspondente estrangeiro mesmo sem falar quase nada de inglês. Politicamente, Flavio era um homem que se definia como sendo de direita. Porém, suas convicções políticas não o impediram, por exemplo, de ser sensível ao clima sufocante, e generosamente abrigar a atriz Leila Diniz em sua casa quando ela passou a ser perseguida pela ditadura militar. Na TV, criou bordões – o mais famoso era "Um instante, maestro!" –, popularizou gestos (como o de colocar e tirar os óculos) e foi pioneiro em uma série de invenções. A mais famosa: a criação de um júri, que incluía nomes como Sargentelli, Marisa Urban, Erlon Chaves e Márcia de Windsor e que tinha participação ativa na avaliação de calouros. Enfim, Flavio era um personagem que tinha muito a contar em uma entrevista.

Ainda assim, a escolha de Flavio Cavalcanti não foi unânime. Millôr e Paulo Francis foram contra, tendo como motivo principal o fato de o apresentador ser um símbolo do reacionarismo e de um estilo jornalístico popularesco e sensacionalista. A opção por entrevistar Flavio Cavalcanti foi um marco na divisão que começava a minar o jornal. A decisão das entrevistas normalmente passava pela redação. Com o tempo, havia nitidamente uma divisão entre dois grupos, um liderado por Paulo Francis e Millôr, que pretendia fazer um jornal para um público mais intelectualizado, ipanemense, que pensava numa espécie de revista *Senhor*[2] do humor, e outro grupo, liderado por Tarso de Castro, com o apoio de Martha e de Maciel, que defendia um jornal cada vez mais voltado para a cultura de massa, com

---

[2] Revista editada por Nahum Sirotsky, a *Senhor* durou de 1959 a 1964, e teve entre seus colaboradores nomes como Clarice Lispector e João Guimarães Rosa, além de lançar novos talentos, como Paulo Francis, Ivan Lessa, Murilo Felisberto, Jaguar, Glauco Rodrigues e Carlos Scliar.

entrevistados que fossem fenômenos de comunicação. Sérgio Cabral e Jaguar oscilavam entre um grupo e outro.

Se já começava dessa maneira na escolha dos nomes, com o passar do tempo a situação só tendia a piorar. No dia da entrevista com Flavio Cavalcanti, por exemplo, o clima estava tão azedo que o entrevistado nem precisou se preocupar com o nível de suas respostas ou com a acidez das perguntas, já que durante o encontro dois dos entrevistadores, Tarso e Ziraldo, se atracaram a tapas no meio da conversa.

Porém, quando foi publicada, na primeira quinzena de outubro, a entrevista já nem era tão importante: o pessoal do *Pasquim* estava sendo muito perseguido e tinha mais com o que se preocupar.

O jornal, que vivia sob a mira afiada dos censores e dos órgãos de repressão, finalmente caiu numa armadilha em novembro de 1970. A razão para que a situação endurecesse e levasse boa parte da cúpula do jornal ao extremo da prisão seria tão banal quanto simbólica: uma charge de Jaguar tendo como base o quadro *Independência ou Morte* (1888), de Pedro Américo (1843-1905), ridicularizava a obra. O destaque nem era tão grande, com a charge sendo colocada na parte inferior de uma página par (a 14) da edição de número 72. Uma afronta a um dos símbolos da nação, diriam alguns. Na obra, Dom Pedro I ocupa lugar de destaque e é bem na parte central que Jaguar fez uma de suas colagens com um balão onde o imperador gritava "Eu quero mocotó!!" (com dois pontos de exclamação).

Com a charge, Jaguar cutucava vários leões com uma vara curta. A mesma música, cinco dias antes, estivera no centro da polêmica apresentação no Maracanãzinho do maestro Erlon Chaves e de sua Banda Veneno. Na madrugada do dia 26 de outubro, Erlon Chaves foi convidado pelo apresentador para deixar a presidência do júri e subir ao palco, onde era realizada a grande final do V Festival Internacional da Canção. Erlon Chaves – vestindo uma roupa desenhada por Evandro Castro Lima, conhecido pelas fantasias carnavalescas – aceitou de imediato a convocação e, no palco, atrás dele, com a orquestra regida pelo maestro Rogério Duprat, começaram a surgir garotas "vestindo sumários trajes cor da pele", descreveria uma reportagem da época. Num primeiro momento eram seis, que rodopiavam ao redor de Erlon Chaves e beijavam-no. Na sequência, mais seis garotas e também os músicos da Banda Veneno. Quem também se uniria ao grupo seria Jorge Ben, autor da canção-tema. O *happening* musical se manteria por um longo tempo, uma celebração profana quase que inspirada nos coros das igrejas americanas. Erlon Chaves estava consagrado. Porém a comemoração duraria pouco. As esposas de alguns militares – vale lembrar, as esposas dos militares mandavam e desmandavam naquele período – reclamaram com os maridos do comportamento daquele "negro abusado". Dizem também que o próprio presidente da República, o general Médici – não muito chegado em música e em comemorações – exigiu rápidas e exemplares providências.

Assim, naquela mesma madrugada, Erlon Chaves foi escoltado até a Polícia Federal e ficou detido por quatro horas para depor. Além da violência e humilhação a que foi exposto, Erlon Chaves ganharia ainda uma suspensão artística por ordem da censura, obrigando-o a ficar um mês proibido de exercer suas atividades profissionais em todo o território brasileiro.

Dessa forma, *Eu Também Quero Mocotó* pode ser considerada uma música maldita. Nascida de uma brincadeira a partir de gírias usadas por Jorge Ben, Wilson Simonal e Erlon Chaves, a canção fazia referência tanto ao suculento prato quanto às pernas femininas então liberadas pelas minissaias. Na sequência, a gíria "mocotó" incorporaria também uma referência, pouco admitida, às partes íntimas femininas. Sucesso instantâneo pela letra de fácil apelo popular, a música deu ainda nome ao trio que acompanhava Jorge Ben na época, quando o músico defendeu *Charles, Anjo 45* no festival em que Erlon Chaves apresentaria *Eu Também Quero Mocotó*.

Como consequência natural do clima repressivo, o período não melhoraria em nada entre os cinco dias que separavam a detenção de Erlon Chaves e o dia 1º de novembro, data a partir de quando seriam presos pelo Doi-Codi Tarso de Castro, Luiz Carlos Maciel, Ziraldo, Jaguar, Sérgio Cabral, Paulo Francis, Flávio Rangel, Fortuna, o fotógrafo Paulo Garcez, José Grossi, o diretor de publicidade, e o funcionário Haroldo Zager. Caberia aos que não foram detidos – Martha Alencar, Millôr Fernandes, Henfil e Miguel Paiva – a responsabilidade de se envolver com a edição do jornal e a missão de manter o *Pasquim* vivo nas bancas.

Na verdade, a prisão ocorreria em etapas. Os primeiros foram Paulo Francis e Haroldo Zager. Paulo Garcez, recém-casado, estava em lua de mel e foi buscado em casa. Luiz Carlos Maciel, idem. Não havia se casado recentemente, mas estava em seu apartamento quando tocaram a campainha. Maciel estranhou o horário e a falta de um contato prévio da portaria avisando de uma visita àquela hora. Foi se certificar pelo olho mágico e teve seu olho tapado por uma carteira oficial. Ao abrir a porta, um tenente, um sargento e um cabo, os três em trajes civis, avisaram-no

Eu quero mocotó: a piada que acabou em prisão da patota

que ele deveria acompanhá-los para prestar esclarecimentos. "Devo levar minha escova de dentes?", Maciel perguntou. "Leva", foi a seca resposta.

Sérgio Cabral e Fortuna estavam em Campos, no interior do estado, preparando-se para participar de uma palestra sobre o sucesso do *Pasquim*. Foram encontrados por um colega jornalista do *Monitor Campista* que avisou que Sérgio Cabral deveria ligar com urgência para casa. Como morava no Leblon e havia deixado a mulher com os filhos pequenos, a primeira coisa que veio à cabeça de Sérgio Cabral foi que uma das crianças poderia ter se afogado na praia. Quando conseguiu falar com sua mulher, Magali, recebeu o recado: oficiais do Exército haviam invadido a redação e estavam à procura dele. "Que alívio!", suspirou Cabral diante da não confirmação de algum acidente com seus filhos. "Até achei isso uma boa notícia." Retornando ao Rio, ele foi logo se apresentar às autoridades.

Por telefone, também Jaguar foi avisado. Ele havia se escondido, com Leila Diniz, na casa do apresentador Flavio Cavalcanti. "Aí o Paulo Francis soube, me ligou e disse: 'Eles falaram que só soltam a gente se você se entregar. A sua consciência responde'", recordou Jaguar em um depoimento em homenagem a Millôr Fernandes em 2014, durante a Festa Literária de Paraty. "Nem tive o gostinho de ser preso, resistir à prisão. Peguei um táxi e fui para lá. No final, paguei para ser preso", acrescentou. Porém, antes de se entregar, Jaguar lembra que passou em um bar próximo à Vila Militar e tomou um porre. Depois se entregou. Detido, aproveitou a temporada de três meses de cadeia para saldar uma antiga dívida intelectual: ler *Guerra e Paz*. Onde mais ele teria tanto tempo e disponibilidade para tamanha tarefa?

Martha, que havia fugido do país e voltado sem que a prendessem em função da sua militância, sentia-se relativamente onipotente, acreditando que nada iria lhe acontecer. Infelizmente, estava errada. Numa madrugada, já com todos os colegas presos e depois de ter passado a noite fechando a edição, Martha foi surpreendida em casa pela polícia. Ela dormia em seu apartamento, com o filho e a babá, quando um grupo de policiais, sem se identificar, bateu na sua casa e exigiu que ela abrisse a porta. Com ameaças, os policiais disseram que ela estava presa e que deveria acompanhá-los. Martha nem teve o direito de dar um telefonema à mãe para avisar que estava sendo detida e que a babá e o filho ficariam no apartamento. Com um revólver espetado nas costas, Martha foi embarcada numa Kombi e durante horas rodou pela cidade recebendo ameaças. Depois, levada para uma sala de interrogatório no mesmo batalhão em que seus colegas estavam presos, Martha entrou em pânico achando que seria torturada. Décadas depois, aliviada, ela lembraria que foi salva pelo machismo de Millôr Fernandes. É que quando Tarso a contratou, decidiu nomeá-la como "chefe de redação". Millôr estrilou dizendo que uma menina como ela não poderia ocupar tal cargo, que seria loucura nomeá-la para tal função. A situação acabou sendo contornada com Martha sendo indicada para o menos pomposo cargo de "secretária de redação". Quando foi interrogada, Martha surpreendeu-se com o fato de que os interrogadores não sabiam qual a função jornalística de um secretário de redação e, com isso, conseguiu faturar em cima da ignorância deles dizendo que suas tarefas se resumiam a atender telefonemas, receber correspondências, datilografar alguns textos. Convencidos, os interrogadores a liberaram poucas horas depois e Martha pôde retornar à redação com o salvo-conduto para seguir produzindo o jornal.

Outro que em um primeiro momento não chegou a ser preso foi Tarso de Castro. De início ele ganhou abrigo com o jornalista Nelson Motta, e logo depois instalou-se numa suíte de um motel da então distante Barra da Tijuca. O local ele passou a usar como moradia e escritório. Do seu posto avançado, Tarso mantinha contato com a redação falando por telefone com Martha Alencar, Barbara Oppenheimer e Henfil – nenhum dos três havia recebido ordem de prisão. Tarso manteria esse singular escritório até o dia em que recebeu um chamado telefônico vindo da carceragem da Polícia Federal, na Rua Frei Caneca, no Centro do Rio. Ao se identificar, Tarso foi informado de que Barbara estava detida na delegacia e que ela só seria solta se ele se entregasse, o que efetivamente ocorreu. Mas Tarso não se entregou imediatamente. À noite, ainda participou de um jantar com amigos num restaurante no Leblon. "Comemos fartamente, bebemos muito. No final da festa anunciei: 'Eu queria comunicar que me entregarei agora às autoridades'", contou ele à revista *Playboy* em 1983.

Os primeiros dias na Vila Militar, no Realengo, em nada lembravam uma prisão, parecendo mais um divertido acampamento. O banho de sol era liberado, Paulo Francis se empanturrava com a comida oferecida na cantina do quartel, e todos, dependendo do clima de camaradagem da guarda, frequentemente tinham acesso a cachaças e até uísques. O que houve de mais violento nesse período foi a obrigação de ter os cabelos cortados, o que para Maciel foi algo que beirava a humilhação. Jaguar discordaria. Diria que Maciel, de cabelos curtos, ficou muito melhor.

Sérgio Cabral se distraía com soldados e outros oficiais, relembrando velhos sambas de Carnaval. Certa vez, enquanto conversava com Ziraldo numa escada que dava para o pátio, Sérgio Cabral foi interrompido por um oficial. Visivelmente simpático, ele buscava puxar assunto com os dois. Mostrando-se acolhedor, pediu que o cabo trouxesse cerveja para os três. Mais descontraído, perguntou a Sérgio Cabral se ele se animava a tocar um violão que ele tinha por ali. Diante da negativa de Cabral – nada de antipatia, apenas o fato de o jornalista especializado em música não ter familiaridade alguma com qualquer espécie de instrumento musical –, o oficial nem teve tempo de se decepcionar com a resposta quando foi interrompido pelo cabo. "Eu toco." Aí, num quadro totalmente surreal, o cabo repousou sua metralhadora ao lado de Cabral, empunhou o violão e todos cantaram um velho sucesso de Nelson Gonçalves: "boemia, aqui me tens de regresso..."

Também houve o caso do samba feito na prisão, uma parceria de Ziraldo, Sérgio Cabral, Luiz Carlos Maciel e Fortuna. Segundo Sérgio Cabral, Elis Regina até pensou em gravar a letra que falava que "A Vila não é mais aquela/ Já não é mais tão bela/ Como Noel cantou/ A Vila não é a vila da princesa, não/ É a vila da tristeza, sim/ Lá perdi meu violão, ai, ai/ Lá os dias não têm fim, não, não.../ Não tem samba, nem batuque/ A batida é diferente.../ Mas tem um quê?/ Tem um QG que prende a gente, prende a gente..."

Com a patota presa, uma certa "gripe" desencadeou uma epidemia de solidariedade jornalística. Já na primeira manhã que chegou à redação, Martha Alencar encontrou na porta um bilhete preso com uma tachinha. Era Chico Buarque se oferecendo para colaborar. Outros nomes, como Antonio Callado, Carlos Heitor Cony, Rubem Braga, Carlinhos de Oliveira e Fernando Sabino, se colocaram à disposição, enviando textos e garantindo que as edições chegassem às bancas.

A "gripe" foi a senha encontrada para driblar a censura e informar aos leitores que os redatores titulares do jornal não estavam deixando de escrever por vontade própria, muito menos por culpa de alguma doença. Era óbvio que algo mais grave havia acontecido. A primeira edição após a prisão, de 11 a 17 de novembro de 1970, tinha a chamada: "Enfim um *Pasquim* totalmente automático: sem o Ziraldo, sem o Jaguar, sem o Tarso, sem o Francis, sem o Millôr, sem o Flávio, sem o Sérgio, sem o Fortuna,

O lobo e a ovelha: a senha escolhida pelo jornal para falar da prisão dos jornalistas

sem o Garcez, sem a redação, sem a contabilidade, sem gerência e sem caixa". O detalhe curioso é que Millôr não estava preso.

Já o número seguinte, edição 74, de 18 a 24 de novembro de 1970, colocava o Sig no meio de um labirinto a perguntar: "A saída! Onde fica a saída?". No labirinto, as paredes traziam os nomes das dezenas de colaboradores que haviam se oferecido para ajudar a publicação. Estavam lá Antonio Houaiss, Albino Pinheiro, Sérgio Augusto, Alex Viany, Odete Lara, Danuza Leão, os Hugos (Bidet e Carvana), Carlos Heitor Cony, Carlinhos de Oliveira e muitos mais.

Um dos pontos altos das contribuições jornalísticas feitas pelos colaboradores externos seria uma entrevista de Glauber Rocha com Gabriel García Márquez para a edição número 82, de janeiro de 1971. Destaque do *boom* literário latino-americano – ao lado do peruano Mario Vargas Llosa e do argentino Julio Cortázar –, o colombiano García Márquez já conhecia Glauber pessoalmente havia quase uma década. Na conversa reproduzida em texto, com fotos de Luiz Carlos Barreto, o entrevistador fala mais do que o entrevistado. Ainda assim é possível saber da proximidade do escritor com o cinema, de sua relação com outros cineastas, como Ruy Guerra e Cacá Diegues, e de como outros escritores latinos – Vargas Llosa, Cortázar, Jorge Luis Borges, Alejo Carpentier, Juan Rulfo – sabiam, na opinião de García Márquez, se promover muito bem.

O mesmo Glauber, cinco edições anteriores, havia sido um dos que se dispuseram a ajudar o *Pasquim*. No texto "Meu Deus! Meu Deus", Glauber lamentava que já fazia "quatro semanas que a redação do *Pasquim* é uma tristeza" e que ele não aguentava mais "escrever ocupando a mesa do Sérgio Cabral". Glauber falava de sua amizade com quase todos da redação (Tarso, Sérgio Cabral, Francis, Maciel). Incluía também os que pouco conhecia (Fortuna e José Grossi) – "os amigos de meus amigos são meus amigos" –, filosofava baianamente, e dizia não ver a hora de que todos retornassem aos seus postos, reassumissem suas "funções neste que é o mais bacana de todos os jornais do mundo" para que ele pudesse voltar "humildemente para meu lugar, isto é, fazer apenas umas dicas sobre cinema brasileiro, minha úlcera e minha desgraça".

Se a notícia da prisão não podia ser dada nem por eles, nem por nenhum outro órgão de imprensa brasileiro, o *Pasquim* receberia apoio da imprensa mundial. Três semanas depois do ocorrido, a prisão chegaria ao *The New York Times*. Proibida de ser divulgada no Brasil, a detenção dos nove

Labirinto: O *Pasquim* tenta achar uma saída

jornalistas acabou merecendo destaque do mais importante jornal dos Estados Unidos. Na matéria, o *Pasquim*, por eles chamado de *The Rag*, era classificado como uma publicação popular satírica de oposição ao governo militar. A reportagem falava da prisão, porém sem explicar os motivos, algo que talvez nem para o governo brasileiro fosse muito claro. Também não eram citados os nomes dos jornalistas detidos. O texto ainda destacava os 17 meses em que o jornal satirizou o governo, o crescimento da circulação, que chegou a 200 mil exemplares, a ação constante da censura e o alto nível intelectual dos que se ofereceram como "editores voluntários", aí incluídos Chico Buarque de Holanda, Glauber Rocha, Antonio Callado e um inexplicável Roberto Carlos. O diário americano confundira um ex-entrevistado com algum dos colaboradores.

* * *

Por causa da "gripe", a redação passou a ser comandada por Martha Alencar. Jornalista profissional desde 1962, quando começou a trabalhar em *O Globo*, Martha havia chegado ao *Pasquim* pelas mãos de Tarso de Castro. Fora ele quem a havia convidado para escrever um artigo no número 1. Os dois já eram amigos desde o tempo em que Tarso havia indicado Martha para ocupar a editoria de cultura em *O Sol*. Tarso era igualmente próximo de Hugo Carvana, com quem Martha viria a se casar menos de três meses depois do lançamento do jornal. Além disso, o trio fazia parte de um difuso grupo que reunia facções de esquerda com forte atuação em assembleias de jornalistas e artistas, muito comuns naquele período de afronta ao governo. As bases desses grupos eram quase sempre os bares, locais que se transformaram em lar – e que anos depois seria tão bem retratado pelo casal Carvana-Martha no filme *Bar Esperança – O último que fecha*.

Jovem de família tradicional, misto de aristocracia falida mineira com burguesia cearense, Martha foi criada no Rio de Janeiro, tendo sido aluna em colégio de freiras, estudante na Aliança Francesa, discípula do artista Ivan Serpa nas aulas de desenho e pintura no Museu de Arte Moderna (MAM) e, posteriormente, formada em línguas anglo-germânicas pela PUC. Ou seja, pelos costumes da época, era aquela moça bonita criada para se casar com um "bom partido". Mas os planos de Martha eram outros. Ela gostava mesmo era de frequentar a casa do seu tio Pedro Nava e de conviver com pessoas como Manuel Bandeira.

A entrada no jornalismo se deu por outro caminho. Martha havia sido contratada pela Socila, Sociedade Civil de Intercâmbio Literário e Artístico, entidade criada por Maria Augusta Nielsen, que treinava as candidatas ao título de Miss Brasil e preparava manequins e mocinhas casadoiras. Martha ficaria responsável por escrever as colunas que Maria Augusta assinava em *O Globo*, no *Diário de Notícias* e na *Tribuna de Imprensa*. Os textos com conselhos de beleza, etiqueta e moda garantiam à Martha prestígio e um bom salário, mas não lhe davam satisfação pessoal. Foi então que em 1967 ela resolveu pedir demissão e começar a trabalhar em *O Sol*, quando seu caminho profissional cruzaria com o de Tarso de Castro pela primeira vez.

Com o projeto de *O Sol*, o jornal-laboratório lançado em 1967 e que vinha encartado como suplemento do *Jornal dos Sports*, com Martha tendo entre seus colaboradores Ziraldo, Chico Buarque e Carlos Heitor Cony, ela se aproximaria não apenas do jornalismo, mas também da produção cultural, do cinema novo, do grupo Opinião, dos músicos baianos que estavam chegando ao Rio de Janeiro e, principalmente, da militância política. De *O Sol*, Martha, levada por Fernando Gabeira, logo sairia para trabalhar no Departamento de Pesquisa, uma das "editorias" do *Jornal do Brasil*. Além da Pesquisa, Gabeira levaria Martha para a Dissidência Comunista da Guanabara, a DI-GB, facção de extrema esquerda que em pouco tempo ganharia visibilidade nacional pelo envolvimento com o sequestro do embaixador norte-americano no Brasil, Charles Burke Elbrick, em setembro de 1969.

No período entre o lançamento do *Pasquim* e a "gripe", Martha teria ficado boa parte do tempo fora do Brasil. Visada pelos órgãos de repressão, ela e Carvana deixaram o Brasil em setembro de 1969. Ele foi filmar com Glauber Rocha na África. Ela, grávida, ficaria autoexilada em Paris. De lá, como colaboradora, ela mandaria alguns artigos para o jornal. De volta ao Brasil, em meados de 1970, menos de um ano depois da fuga, com um bebê de colo, aceitaria o convite de Tarso para integrar a equipe. Politicamente, se sentia destroçada, com a sensação de que perdera a guerra e com um sentimento de culpa pelos amigos presos ou mortos. O *Pasquim* seria o seu renascimento.

Martha sentiu-se acolhida desde o primeiro momento. A redação, lembra ela, ocupava uma casa de dois andares com uma garagem e um espaço no térreo, onde funcionava a parte de paginação e de montagem das artes finais. O clima caseiro do primeiro dia foi reforçado pelo cheiro de refogado que ela sentiu vindo da cozinha da casa. Martha instalou-se no segundo andar, onde funcionava a redação, condensada num conjunto de salas e uma mesa grande de reuniões, ao redor da qual eram discutidas as pautas e onde era fechado o jornal. Não havia uma divisão de tarefas e as coisas aconteciam com uma lógica própria, à qual Martha foi se adaptando. Antes de mais nada, fechar uma edição era uma costura de egos e exigências a atender. Com o mapa do jornal esticado na mesa, Martha ia dispondo as colaborações da chamada turma: Millôr, Ziraldo, Paulo Francis, Sérgio Cabral, Luiz Carlos Maciel, Jaguar, Fortuna, além dos colaboradores convidados e da entrevista da semana. Invariavelmente o dia começava tarde, e antes do anoitecer sempre surgia algum motivo para um drinque. Entre um uísque e outro as ideias clareavam, e quem estava por perto entrava na produção do evento. Desse período, Martha lembra de momentos como o dia em que Paulo Francis quase teve um orgasmo porque Gustavo Corção, um dos arquivilões da redação, respondeu em sua coluna em *O Globo* a um artigo dele. Exultante, Paulo Francis andava de um lado para o outro da redação, lendo alto e dramatizando o texto de Corção. Martha também tinha sua medalha: ela havia sido espinafrada pelo mesmo velho reacionário a respeito de um artigo que publicara na *Revista Vozes* sobre a Pansexualidade

No *Pasquim*, Martha recebia o material, ordenava as páginas, editava os textos e ainda enfrentava os censores, que estavam mantendo seu plantão. Ela também lembrou, em depoimento ao livro *Tarso de Castro – 75 kg de Músculo e Fúria*, de Tom Cardoso, que Millôr, durante esse período, ficou em sua cobertura, na Rua Gomes Carneiro, participando à distância das decisões editoriais. "Ele fez 80% dos textos. Isso é inegável. Mas não se expôs fisicamente. E isso pegou muito mal para ele", recordaria Martha. Para Sérgio Augusto, o fato de Millôr não ter sido preso se explica por uma razão mais prosaica: os militares tinham um endereço errado dele e por isso não o encontraram. Baby não acredita nessa versão. E Jaguar nunca deu sua versão sobre o caso, mas não acreditava que Millôr pudesse ter interferido de alguma maneira para continuar em liberdade. "O Tarso de Castro espalhava que o Millôr não foi preso porque tinha as costas quentes. Mas a verdade é que tudo no Brasil é esculhambado, inclusive a repressão política." Porém, Tarso morreu garantindo que tal negociação havia existido. E até dava o nome do militar que protegera Millôr: general Vargas.

* * *

A equipe, presa nos primeiros meses de novembro, passaria o Natal de 1970 na cadeia, recebendo perus, doces e – principalmente – uísques dos amigos que estavam do lado de fora, contando com a vista grossa dos carcereiros. Jaguar lembra que subornava os guardinhas para que eles lhe trouxessem garrafas de cachaça. E quando o coronel vinha falar com eles era preciso tapar a boca com a mão para disfarçar o bafo. Quando interrogados, os jornalistas se espantavam com o nível de informação que os interrogadores tinham a respeito deles, sabendo – e fazendo questão de demonstrar – que nada havia passado despercebido pelos órgãos de investigação, muito provavelmente alimentados pelo Serviço Nacional de Informação, o temido SNI. Tamanha vigilância não impedia manifestações ridículas, como a do interrogador de Paulo Francis, que jurava ter conhecimento de que o jornalista havia assinado uma "monção" em favor do editor Ênio Silveira. A correção veio de imediato. Paulo Francis reconheceu ter assinado uma "moção" (ação de apoio a alguém) e não uma "monção" (designação dada aos ventos sazonais).

No final de dezembro, a temporada compulsória na caserna parecia estar chegando ao fim, se não da maneira mais agradável, pelo menos sem traumas maiores e – o mais importante – com todos vivos. E mais: a ideia era que eles fossem soltos antes da virada do ano, garantindo a todos um *Réveillon* em liberdade. Para isso, bastava que assinassem um documento em que declaravam não ter recebido nenhuma espécie de ofensa física ou moral durante o período em que estiveram presos. Jaguar lembraria que já se imaginava saindo e se sentindo um herói, admirado por todos, tanto que seu primeiro ato depois de solto foi ir direto a um baile de *Réveillon* e beber tanto que só acordaria três dias depois. O único a passar o Ano-Novo na Vila Militar foi Tarso de Castro, que se negou a assinar o documento e ainda entornou o caldo quando riscou a palavra "moral" e acrescentou: "Qualquer prisão, qualquer arbitrariedade é algo contra a moral do ser humano e eu fui torturado violentamente do ponto de vista moral".

Homens sem visão: a patota ri da própria desgraça

A afronta de Tarso lhe custaria ainda mais caro: cinco dias de solitária. Baby, separada de Tarso desde o semestre anterior, não acreditava muito nessa versão romantizada por ele. Para ela, Tarso ficou mais um tempo preso porque havia se entregado depois; logo, nada mais natural que passasse detido por mais alguns dias. Uma semana depois do *Réveillon*, Baby foi buscá-lo no quartel, como havia sido acertado com os militares. Chegou lá cedo, e de maneira debochada foi alertada pelo militar que estava no comando: "A senhora sabe que o dia só acaba à meia-noite, né?". Baby não se intimidou e respondeu: "Sei. Mas não pretendo sair daqui enquanto o Tarso não for solto". E sentou-se num banco para aguardar. Antes do meio-dia, Tarso seria liberado.

Nas bancas, a corrente de solidariedade dos intelectuais que apoiaram o *Pasquim* não iria se refletir na comercialização. Naqueles dois meses as vendas cairiam de 180 mil para 60 mil exemplares. Os movimentos internos e externos na época da "gripe" seriam apresentados ao público ora de maneira explícita, ora nas entrelinhas. O número 79 chegaria às bancas na primeira semana de janeiro de 1971 com uma foto de Marília Pêra como a protagonista de *A Vida Escrachada de Joana Martini e Baby Stompanato*, com a manchete "Os nove do *Pasquim* são agora um." E com a frase: "Decidido: o Natal do *Pasquim* será dia 25 de janeiro". Tarso permanecia preso.

O número seguinte, a edição 80, insistiria no tema, ridicularizando seus integrantes. Todos aparecem com óculos escuros e a manchete: "Estes são os verdadeiros homens sem visão". A imagem, em silhueta, seria repetida na última página explicando que "nove jornalistas do Pasquim desferiram na madrugada de ontem um golpe de estado fazendo fracassar a eleição de Homem sem Visão de 1970". Segundo o texto, que não falava em prisão, os jornalistas deveriam ser agraciados com o prêmio, pois "ninguém mais do que eles mereceram o título destinado a quem não vê um palmo adiante do nariz". Os nove do *Pasquim* superaram favoritos até então, como David Nasser, Abreu Sodré, Roberto Campos, Paulo Salim Maluf, Nelson Rodrigues e Gustavo Corção. O tema da prisão estaria presente em toda a edição. Quase todos também tentam dar nas entrelinhas suas versões para o sumiço. Flávio Rangel, em três páginas, escreve o texto "Se não me falha a memória", em que começa dizendo: "Quando cheguei ao local onde iria passar sessenta dias desta vida vã, fui recebido com um prolongado pssssiu". A matéria era completada com ilustrações feitas por Ziraldo, Fortuna e Luiz Carlos Maciel retratando todos que haviam sido presos em ambientes que não eram identificados. Logo a seguir, Sérgio Cabral, no texto "Meninos eu vi", fala de como ocupou seu tempo com novelas, músicas e leituras durante "uma longa viagem. Uma viagem de avião de 58 dias". Luiz Carlos Maciel igualmente fazia referência aos tempos de prisão escrevendo sobre cortes de cabelo e a importância do cabelo comprido como símbolo de rebeldia.

A primeira página dessa edição também já dava indícios do período de transição que o jornal atravessava. Era uma foto antiga, tirada por Paulo Garcez, em que todos posavam na frente da redação. Tarso, ainda detido na Vila Militar, aparecia em forma de contorno. Sua presença já era quase holográfica. E o número seguinte, com a manchete "Tarso à solta", colocava um ponto final no episódio da prisão – não da crise.

Além da foto da capa, Tarso já havia desaparecido do alto do expediente na edição número 72 – a mesma em que foi publicada a sátira ao quadro da Independência. No comando agora estava Sérgio Cabral. Num texto interno, contrariando totalmente seu estilo incisivo e desaforado, Tarso publicaria um "Aviso à Praça". Começava formal, como se fosse um executivo de uma grande empresa: "Com a minha saída da direção de *O Pasquim* muitos boatos surgiram, de tal maneira que, finalmente, sou obrigado a fazer esta nota pública a respeito do assunto". Logo em seguida, de maneira mais clara, abordaria o que se ouvia pelas ruas, mas continuaria a tratar os episódios de um jeito irônico. "Falou-se de tudo. Que dei desfalques imensos, fazendo inúmeras transferências de numerário para a Europa, tendo mesmo aberto uma conta em banco suíço, sob número secreto e inviolável; que, desde o nascimento da ideia de lançar *O Pasquim*, eu só tive como meta o aproveitamento – ao máximo – do futuro sucesso do jornal em benefício de esquemas por mim escolhidos e que a mim interessavam." A seguir, justificava todos os excessos, igualmente de jeito irônico e ressaltando seu insaciável apetite sexual. "De tudo fui acusado – corrupção, imoralismo total, farras permanentes, entrega total aos prazeres do vício, colocação do sexo, a qualquer custo, em todos os momentos da minha vida, enfim, uma orgia total coroada de cifrões." E, antes de terminar, Tarso adota um tom mais sério, quase solene. "Diante de tantas versões, de tantos boatos, portanto, sou obrigado a este esclarecimento, certo de que a moral de um homem não pode ser atingida, manchada, destruída impunemente." Por fim, sem citar nomes e demonstrando uma aparente tranquilidade, além de muita clareza, Tarso faz sua defesa final.

"Aos meus amigos, aos que confiaram em mim, portanto, venho hoje de público, confiante, com a cabeça erguida, com a certeza do dever cumprido, especialmente com a certeza de ter trilhado sempre o caminho que me pareceu melhor, esclarecer, de uma vez por todas: os boatos exprimem a mais clara, objetiva, irretocável, límpida expressão da verdade." E, com o gol escancarado, Tarso dá o seu drible final e coloca a bola no fundo das redes bem ao seu estilo iconoclasta e irresponsável. "Aquilo é que foi um tremendo barato."

No final das contas, já em janeiro de 1971, todos foram libertados. Sérgio Cabral assumiria o comando, mas sem muito ânimo. Ele mesmo reconheceria anos depois que, após a prisão, o *Pasquim*, que era uma escola risonha e franca, ficou muito chato. Livre das obrigações burocráticas com o jornal, Tarso inventou uma pauta jornalística que lhe agradasse e viajou. Sabendo que Caetano Veloso estava de férias na Bahia – na verdade, o músico havia conseguido uma autorização do governo militar para sair de Londres e poder participar da festa de 40 anos de casamento de seus pais –, Tarso armou uma entrevista com o compositor em fevereiro e carregou consigo Luiz Carlos Maciel e Danuza Leão. Seria uma de suas últimas colaborações como integrante do *Pasquim*. A interinidade de Millôr logo se transformaria em titularidade e, mais adiante, o novo diretor responsável colocaria na sua linha de frente Henfil, Ziraldo, Ivan Lessa e Jaguar. O clima já azedado ficaria ainda pior com as trocas de acusações entre Tarso (que estranhava o fato de Millôr, tão radical e libertário, não ter sido preso) e Millôr (que acusava Tarso, com seus gastos exorbitantes, de transformar o jornal num caos administrativo). Sem manifestar-se tão explicitamente, Henfil se posicionou ao lado de Millôr. Numa entrevista à revista *Playboy*, quase dez anos depois dos acontecimentos, Henfil recordaria que o dinheiro que entrava aos montes sumia com uma rapidez impressionante. Houve a descoberta do aluguel de um apartamento que era usado como *garçonnière*. Houve também o pagamento permanente de uma suíte no King's Motel, além de notas de alguns dos restaurantes mais caros do Rio de Janeiro. "O Tarso, nesse ponto, era um cara mais aberto, gastava à vista", reconheceria Henfil na mesma entrevista, aproveitando para fazer uma cobrança pública: "Eu gostaria que o Tarso um dia me esclarecesse – mas acho que isso ele nunca fará – por que ele estava sempre numa boa, enquanto os outros não pareciam estar". E, em cima desses fatos que tão bem presenciou, concluiu: "Eu acho que se alguém torrou o dinheiro do *Pasquim*, foi ele. Pois os outros não gastavam dinheiro a rodo naquela época e nem têm dinheiro hoje". José Luiz Braga lembraria em seu livro *O Pasquim e os Anos 70* uma entrevista de Jaguar concedida à *Escrita*, em julho de 1976, em que o cartunista contava que "o Pasquim era uma festa. A gente fechava um bar, alugava avião, o que a gente gastava de dinheiro era uma loucura". Dessa maneira, as dívidas se acumulavam. Todo o dinheiro do jornal, do tempo das vacas gordas, fora gasto, e muitas das coisas que tinham de ser pagas, como a gráfica, por exemplo, não foram", diria Henfil. "Eu estava cansado. E houve o episódio da nossa prisão. Aí a gente se dividiu um pouco", revelaria Tarso na entrevista à *Playboy*. Na edição de número 84, de 11 a 17 de fevereiro de 1971, seria publicada a entrevista com Caetano Veloso que marcaria a despedida de Tarso. Na última pergunta que fez atuando como jornalista do *Pasquim*, Tarso dirigiu-se a Caetano e questionou: "Você é um ídolo. Eu acho muito bacana porque você sabe muito viver dentro desse troço sem criar um ritmo de loucura. Eu queria que você falasse sobre isso". E Caetano respondeu: "Na verdade, nós todos aqui somos celebridades no Brasil. Você que fez a pergunta está na mesma situação que eu e está aí da mesma forma que eu. As dificuldades que a gente tem são dificuldades reais, as outras pessoas têm outras dificuldades". Assim, em meio a "dificuldades", o *Pasquim* perdia o seu idealizador e principal dínamo desses 21 primeiros meses. Tarso de Castro estava fora.

AVISO À PRAÇA

Com minha saída da direção do O PASQUIM muitos boatos surgiram, de tal maneira que, finalmente, sou obrigado a fazer esta nota pública a respeito do assunto. Não o faço por interêsse pessoal — mas pelos meus amigos, pela minha família, por aquêles que confiaram em mim e que, hoje, se encontram sem saber o que concluir em meio a tão desencontradas versões. Falou-se de tudo. Que dei desfalques imensos, fazendo inúmeras transferências de numerário para a Europa, tendo mesmo aberto uma conta em banco suíço, sob número secreto e inviolável; que, desde o nascimento da idéia de lançar O PASQUIM, eu só tive como meta o aproveitamento — ao máximo — do futuro sucesso do jornal em benefício de esquemas por mim escolhidos e que a mim interessavam; que, comumente, abusei dos sentimentos dos outros, numa luta incontrolável, alucinada, em busca da vitória, não chegando mesmo a me importar quanto isto custaria; que, dentro de tal caos, pensou-se mesmo em intervenção federal para obter-se, por êsse meio, finalmente, o meu afastamento da direção do jornal que mais vende no Brasil; que, em meio a êsse dramático quadro, muitos foram envolvidos, incluindo-se — numa prova de total falta de escrúpulos — môças cuja única culpa teria sido a decisão de depositar uma ilimitada confiança em mim; que, ao certo, ninguém sabe quantos litros de uísque, para dizer o mínimo, foram consumidos nesse verdadeiro festival de escândalos que teria eu formado à minha volta; que, de uma hora para outra, minha vida transformou-se — inexplicàvelmente — numa imensa festa de carros esportes, mulheres lindas e todos os demais ingredientes necessários ao aprofundamento da dissolução dos costumes. De tudo fui acusado — corrupção, imoralismo total, farras permanentes, entrega total aos prazeres do vício colocação do sexo, a qualquer custo, em todos os momentos de minha vida, enfim, uma orgia total coroada de cifrões. Diante de tantas versões, de tantos boatos, portanto, sou obrigado a êste esclarecimento, certo de que a moral de um homem não pode ser atingida, manchada, destruída impunemente.

Aos meus amigos, aos que confiaram em mim, portanto, venho hoje de público, confiante, com a cabeça erguida, com a certeza do dever cumprido, especialmente com a certeza de ter trilhado sempre o caminho que me pareceu melhor, esclarecer, de uma vez por tôdas: — Os boatos exprimem a mais clara, objetiva, irretocável, límpida expressão da **verdade.** Aquilo é que foi um tremendo barato.

Tarso de Castro (a Firma estava devidamente reconhecida).

NOTA DA DIREÇÃO

Infelizmente, tantos foram os boatos, que o O PASQUIM se sentiu obrigado a publicar a declaração do Sr. Tarso de Castro. Realmente, fomos obrigados a fazer modificações neste jornaleco e eu fui obrigado a assumir para adotar uma solução fulminante e saneadora. O Sr. Tarso de Castro, comigo mesmo, foi desonesto e mentiroso.

1. Não me devolveu até agora um disco de Frank Sinatra que lhe emprestei há quase um ano.
2. Rachou comigo uma despesa no Antonio's e até hoje não me pagou a parte que lhe coube.
3. Apropriou-se, certa vez, abrindo minha gaveta sem minha licença, de um pacote de cigarro americano.

Chegal Vai para Europa, corrupto!

SERGIO CABRAL
Presidente da Emprêsa Jornalística O PASQUIM S/A

Tarso de Castro: o comandante deixa o navio

CAPÍTULO 3

DIAS MILLÔRES VIRÃO

O s primeiros meses da nova era foram de dificuldades, principalmente financeiras. O quinteto formado por Jaguar, Ziraldo, Henfil, Sérgio Cabral e Millôr buscava alternativas que viabilizassem a publicação e estancassem a sangria. Aliás, questões financeiras foram o tema de abertura da entrevista que Millôr Fernandes concedeu ao *Pasquim* em março de 1971, a primeira de alguém da própria redação nas páginas do jornal. Paulo Francis abriu a conversa citando o entrevistado anterior, o cantor e compositor Milton Nascimento, e concluiu achando um absurdo que um músico ganhasse uma fortuna no Brasil, muito mais do que alguém que fosse autor de "um trabalho intelectual mais desenvolvido". Millôr não embarca na provocação e reconhece ser um exagero ele estar ali como entrevistado, até porque a intenção dos entrevistadores, segundo ele, é justamente esculhambá-lo posteriormente. Sobre o tema financeiro-musical lançado por Paulo Francis, Millôr responde dizendo acreditar que a atividade musical é algo menor e que, logicamente, deveria ganhar menos. Millôr é rebatido em cima do lance por Jaguar e Sérgio Cabral, este último citando dez músicos populares, de Tom Jobim a Caetano Veloso, de Pixinguinha a Ernesto Nazareth, que não faziam música como uma "atividade puramente sensorial", como Millôr havia classificado anteriormente. A conversa esquenta e Millôr acusa Sérgio Cabral de estar buscando uma "briga inútil e desonesta".

Na metade da entrevista, depois do término da discussão músicos-dinheiro, inclusive com Millôr chamando Chico Buarque de "meu amigo" (anos mais tarde os dois brigariam feio, com palavrões e garrafas de uísque voando), o tema da conversa é o próprio jornal. "O que você acha do *Pasquim*?", pergunta Ziraldo. E Millôr responde: "Agora você me pegou de surpresa porque eu nunca pensei sobre o *Pasquim*", lembrando logo a seguir de se desmentir com relação ao seu primeiro texto para o jornal. "Eu nunca disse que o *Pasquim* ia chegar ao número 3. O que eu disse é o seguinte: que o *Pasquim*, se fosse independente, não chegaria ao terceiro mês. Se chegasse ao terceiro mês, não era mais independente, evidentemente. Se você pegar o *Pasquim*, verá exatamente que à altura do terceiro mês ele deixou de ser independente. O *Pasquim* não é um órgão independente."

Apesar de Millôr ser a liderança mais evidente – e, segundo Tarso, quem mais conspirou e se esforçou para seu afastamento –, foi Sérgio Cabral quem assumiu a direção imediatamente após a saída do fundador. Logo começariam também outras saídas. A primeira foi a do próprio presidente, Sérgio Cabral, que deixa o jornal após receber um convite para trabalhar na editora Abril, em São Paulo. Sérgio Cabral estava insatisfeito, profissional e financeiramente. Queixava-se do fato de que mesmo sendo um sucesso comercial, o *Pasquim* nunca havia lhe dado um retorno. "Não consegui comprar nem uma bicicleta com o que ganhei lá", admitiria anos depois. Na mesma época – na verdade, um pouco antes – já haviam deixado o jornal: Fortuna, Luiz Carlos Maciel e Martha Alencar. O ano de 1971 estava sendo de grande agitação.

Porém, junto ao público, tudo melhorava. O *Pasquim* não apenas revelava novas gírias, lugares, personagens e dicas, como também retirava do ostracismo figuras populares que haviam se perdido no tempo. Uma delas foi o personagem da capa e da entrevista principal da edição de número 95, de 29 de abril a 5 de maio de 1971: Madame Satã. Símbolo de uma Lapa em que a malandragem havia sucumbido e na qual o malandro deixara de ser a figura perigosa, porém simpática, dos pequenos golpes e dos singelos expedientes, para dar lugar ao marginal agressivo e que anda em gangues, Madame Satã misturava em sua já então longa trajetória aspectos verdadeiros e ficcionais. Nascido em 1900, no interior de Pernambuco, o menino João Francisco dos Santos foi trocado ainda criança pela mãe por uma égua. Depois de ser explorado e vivido a adolescência quase como escravo, João Francisco veio dar na Lapa, no Rio. No novo lar, aproximou-se de malandros, sambistas, prostitutas, gigolôs, bandidos e policiais. Trabalhou como garçom e também como cozinheiro em bares e prostíbulos, adotando em 1938 o apelido que o tornaria famoso. O batizado de Madame Satã, como passaria a ser conhecido, seria no baile de Carnaval no Teatro República, onde tirou o primeiro lugar no concurso de fantasia. Homossexual que vivia um relacionamento estável com uma mulher e a ajudava a criar seis filhos, Madame Satã era famoso pela valentia e pela capacidade de encarar as mais encrencadas brigas, o que lhe garantia longas temporadas na cadeia.

Todas essas histórias, narradas de maneira simples, sem exaltação exacerbada ou autocomiseração (talvez alguns exageros), encantaram os entrevistadores e leitores do *Pasquim*. Já na capa, Madame Satã, de dedo em riste, desafiava: "Aqui não tem homem pra mim!". Na sequência da entrevista, até Paulo Francis, pouco afeito a personagens populares, lembrava que na sua infância em Botafogo ouvia falar de Satã, uma espécie de *gunfighter* da Lapa. Ziraldo, que por razões não explicadas perdeu a entrevista, também colocou a memória a trabalhar para recordar "a imagem que minha adolescência criara desse personagem fantástico que povoou meus primeiros meses de Rio de Janeiro".

Com mais de 70 anos na época, Satã, após a entrevista, viraria uma celebridade, procurado para dar novas entrevistas, convidado para festas e até usado como tema de um livro biográfico, *Memórias de Madame Satã*, de autoria de Sylvan Paezzo.

"A última figura lendária do Rio pode ser encontrada tomando suas cervejinhas nos bares de Copacabana com seu chapelão de caubói e vendendo para transeuntes incrédulos o seu livro", relatou Jaguar numa Dica em janeiro de 1975. "Aos 75 anos, lépido e fagueiro, com o andar desempenado de um surfista, diz que já está completamente refeito do

Madame Satã: malandragem e porrada nas noites da Lapa

atropelamento que lhe quebrou a perna há um ano", explica Jaguar. E encerra, elogiando o mais angelical dos demônios: "Madame Satã é uma das figuras mais amáveis que conheci. Já foi até o fundo do poço da miséria humana e voltou de lá, depois de 27 anos de prisão, intacto, puro como um cristal. Com esse Satã não há exorcista que acabe".

Depois de aproveitar essa súbita fama, Madame Satã viveu entre a Ilha Grande e o Rio de Janeiro. Pretendia até lançar a segunda parte de suas memórias. Não teve tempo. Foi internado como indigente em um hospital de Angra dos Reis. Depois foi transferido, com a ajuda de Jaguar, para um hospital em Ipanema, onde viria a morrer vítima de câncer pulmonar aos 76 anos, em abril de 1976. A morte de Madame Satã foi registrada pelo *Pasquim* num quadro ocupando quase meia página das Dicas. "Morreu o samurai da Lapa", escreveu Jaguar, ilustrando o texto com duas fotos, uma de Satã ao seu lado e outra dele se apresentando na peça A *Chegada de Lampião no Inferno*, com Elba Ramalho. No final, Jaguar avisava: "depois da missa tomarei um porre na Capela em homenagem a um dos poucos homens de caráter que conheci".

Bem antes disso, em 1971, na sequência da edição dedicada à Madame Satã, o *Pasquim* homenagearia duas musas do jornal que naquele ano seriam mães: Leila Diniz e Nara Leão. Personagem da entrevista principal, Nara, que pouco antes havia deixado a França para retornar ao Brasil ao lado do marido, o cineasta Cacá Diegues, e da primeira filha, Isabel, descobrira no mês anterior que estava à espera do segundo filho.

Já Leila, eleita pelo *Pasquim* como a Grávida do Ano, seria mãe pela primeira vez. O pai era o cineasta Ruy Guerra. "Essa criança já vem tarde. Sempre fui tarada para ter um filho e nunca tive coragem", disse ela ao Flavio Rangel. Janaína Diniz Guerra nasceria em 19 de novembro de 1971 e pouco conviveria com a mãe.

Logo depois da edição maternal, surgiria uma das capas do *Pasquim* que daria o que falar. Com um humor típico de Tarso de Castro – já fora do jornal –, o *Pasquim* estampava na primeira página da edição 105, de 8 a 14 de julho de 1971, a imensa manchete "TODO PAULISTA É BICHA". Só quem se aproximava podia ver que em letras minúsculas em meio às letras garrafais estava escrito "que não gosta de mulher" logo depois de "paulista". Como quase todos os colaboradores viviam no Rio de Janeiro, as provocações com São Paulo eram frequentes. E quase sempre davam certo. Quando não davam, o *Pasquim* fazia como fez na capa da edição

O PASQUIM

N.º 105 - Rio, de 8 a 14/7/71 - Cr$ 1,00 - O PASQUIM - O melhor entre os piores

TODO PAULISTA

QUE NÃO GOSTA DE MULHER

É BICHA

> POR FALAR EM BICHA: VEJA NESTE NÚMERO ANDRÉ GIDE, JEAN GENET, TCHAIKOWSKY, OSCAR WILDE, GUY DE MAUPASSANT E OUTRAS MAIS ENTREVISTANDO FAULO PRANCIS

Bicha paulista: a provocação de uma redação carioca

110, com a manchete "Todo paulista é machão", e na página 3 o fecho da piada: "...mas só os que gostam de mulher!".

No editorial da página 3, Millôr Fernandes explicava a estratégia e o idealizador da sacanagem. "Pois é, você foi nessa. Você, paulista, ainda cai em conversa de carioca! Pior, ainda cai em conversa de mineiro. Pior ainda, pois quem bolou a capa deste número foi o Ziraldo, que nem mineiro é, é de Caratinga, bem pra lá do lado de lá, além, muito além de Conceição do Mato Dentro".

Em maio, o *Pasquim* também havia chamado a atenção com uma capa em que Paulo Francis aparecia como se estivesse mandando um beijo aos leitores brasileiros. Na manchete, o jornal anunciava: "Agora a coisa vai. Paulo Francis se mandou". Ainda não era a partida definitiva, que ocorreria pouco depois, mas já era uma das idas de Francis a Nova York para onde ele negociava sua mudança. O *Pasquim* aproveitava para fazer propaganda de outros correspondentes internacionais: Fausto Wolff, em Roma, Ivan Lessa, em Londres, e Santos Fernando, em Lisboa.

Um dos personagens mais discretos e avessos a entrevistas da cultura brasileira seria a grande surpresa entre os entrevistados do *Pasquim*. Carlos Drummond de Andrade, já então uma lenda entre os poetas nacionais, seria convocado publicamente. Em uma edição publicada no final de junho, Sérgio Cabral faria o apelo numa Dica. "Suplico ao senhor a gentileza de conceder uma entrevista ao *Pasquim* (...). Diz que dá pé, poeta", encerrou de maneira bem direta e informal. O poeta responderia da mesma forma, também publicamente, na crônica que escrevia para o *Jornal do Brasil*. Modestamente dizia que "há mais de 50 anos não tenho feito outra coisa na vida senão dar entrevistas: em verso, em crônica, em carta, em papo", encerrando sem dizer que sim nem que não: "E você ainda quer que eu repita o repeteco, bicho? Como leitor do *Pasquim*, não quero que ele publique matéria gasta. Um abraço à patota". Como Drummond acabou concordando, a entrevista já começava com uma explicação. Sérgio Cabral contava na primeira pergunta que o poeta havia sido um dos desejos do *Pasquim* desde o primeiro número. E perguntava: "Por que sempre fugiu?". Drummond começou fugindo: "A ideia de fuga tem sido alvo de crítica severa e indiscriminada nos últimos anos, como se fosse ignominioso, por exemplo, fugir de um perigo, de um sofrimento, de uma caceteação".

O PASQUIM

Nº 102 – Rio, de 17 a 23/6/71 – Cr$ 1,00 – A casa da mãe Joana é na Clarisse Índio do Brasil, 32.

AGORA A COISA VAI
PAULO FRANCIS SE MANDOU

E MAIS:
FAUSTO WOLFF, DE ROMA
IVAN LESSA, DE LONDRES
SANTOS FERNANDO, DE LISBOA
E MAIS:
SÉRGIO CABRAL, LUIZ CARLOS MACIEL, MILLÔR FERNANDES, JAGUAR, HENFIL, FORTUNA, ZIRALDO, SERGIO AUGUSTO, FLÁVIO RANGEL, LEONAM, SEU RAMOS, MIGUEL PAIVA, HAROLDINHO, NELMA, TETÊ, MARISA, JANE, MAURICIO E É CLARO, GROSSI, DA RUA CLARISSE ÍNDIO DO BRASIL, 32.

Paulo Francis: mais um que não aguentou as brigas e saltou fora

A partir daí, na conversa com Fortuna, Ziraldo, Millôr Fernandes, Ivan Lessa, Jaguar, Maciel, Sérgio Cabral e Carlos Leonam, Drummond falou bastante, porém quase que unicamente de literatura. Até quando encerrou a conversa foi poético: "Nunca me esquecerei que no meio do caminho tinha uma pedra".

O fim de 1971 reservaria ao *Pasquim* a estreia de um de seus personagens mais virulentos. Criado por Henfil, o Cabôco Mamadô era o responsável pelo cemitério dos mortos-vivos, sepulcrário onde o cartunista enterrava todos aqueles que não se adequavam ao seu padrão de resistência e crítica aos militares. Com a sua régua moral e intelectual, Henfil media os que considerava como sendo colaboradores e/ou simpatizantes da ditadura e, sem piedade, tampouco qualquer espécie de julgamento, destinava-os ao enterro.

Lançado na edição 129, da última semana de 1971, o Cabôco Mamadô evocava a figura folclórica da umbanda e do catimbó chamada de "caboclo mamador", o espírito de uma pessoa que morreu ainda na primeira infância, em idade de amamentação. Henfil repetiria a dose na edição 174, da primeira semana de novembro de 1972, feriado de Finados, em que a capa do jornal seria ocupada por um imenso cemitério com o Cabôco Mamadô saltando em cima das sepulturas de Amaral Netto, Adolpho Bloch, Josué Montello e Nelson Rodrigues.

Imbuído da sua convicção de que quem não estava resistindo estava morto, logo merecia ser mesmo enterrado, Henfil ia empilhando cadáveres em seu cemitério. Ali foram sepultados Tarcísio Meira, Roberto Carlos, Wilson Simonal, Marília Pêra, Clarice Lispector e até personagens quase sagrados da vida brasileira, como Pelé, o poeta Carlos Drummond de Andrade e a cantora Elis Regina. Mais tarde, ao saber que a cantora havia sido enterrada por causa de sua participação na Semana da Pátria, à qual Elis foi convidada – ou convocada mediante ameaças – a cantar nas Olimpíadas do Exército, Henfil reconheceu seu exagero e arrependeu-se de seu gesto (outro arrependimento confessado por ele seria com relação a Clarice Lispector). Henfil e Elis reataram e permaneceram amigos até a morte dela, em janeiro de 1982. Injustiça semelhante Henfil cometeria com outra cantora, Nara Leão. Mas com esta o destino se encarregaria de dar sua irônica resposta ao cartunista. Quando "enterrou" Nara Leão em 1972, o Cabôco Mamadô se justificou e perguntou à cantora. "Como pode você, Narinha, musa de Opinião, ser presidente do júri do Festival?

Do Festival de Gado Musical da Globo?". No quadrinho, Nara responde: "Sou uma profissional... entende?". Ainda assim, Nara foi enterrada.

Mais tarde, Henfil entenderia. Ele mesmo, oito anos depois, seria "profissional" e aceitaria ser contratado pela Rede Globo para trabalhar no programa *TV Mulher*.

Além do Cemitério dos Mortos-Vivos e do Cabôco Mamadô, outro personagem de aspecto grotesco e desagradável surgiria logo depois, na edição de número 152: Gastão, o vomitador. Criado por Jaguar, o personagem exagerava no mau gosto respondendo com golfadas de vômito os aspectos cotidianos que lhe causavam repulsa.

Se o ano de 1971 marcaria um período de transição, o *Pasquim* chegaria a 1972 dando uma guinada. "A opção do *Pasquim* por uma visão conservadora passou a ser cada vez mais marcada a partir de 1972 e foi acompanhada por uma tentativa nossa, capaz de veicular a nova visão", avaliou Maciel no livro *Negócio Seguinte:*. Com um olhar voltado para trás, o guru da contracultura registrava como se deu o processo e como ele observou aquelas mudanças. "Já começava a transparecer o fato de que o *Pasquim* tinha uma cisão filosófica interna, vamos dizer assim." E, logo a seguir, explicava melhor, detalhando a correlação de forças dentro da redação: "A parte majoritária do *Pasquim* compartilhava de uma visão mais tradicional do mundo, dentro das normas estabelecidas pela cultura vigente. A cisão foi motivada pela introdução, nas páginas do jornal, de uma visão mais moderna, louca, ou, como dizia na época, desbundada". Um exemplo: o desbundado, Jorge Mautner, apareceu nas páginas do *Pasquim* para contar suas aventuras *on the road*, das suas andanças entre Nova York-Londres-Madri, de suas experiências como lavador de pratos e massagista, do livro de 300 páginas que estava escrevendo e de sua proximidade com Caetano ("divino mestre, guru, prestidigitador e rei da Bahia") e Gil.

A etapa seguinte, obviamente, seria de ruptura. "O confronto foi evoluindo com o tempo, até o momento em que a coexistência das duas tendências pareceu não ser mais possível." E, por fim, Maciel encerrava sua análise acrescentando novos detalhes e dando nome aos envolvidos: "A intromissão do desbunde foi patrocinada pelo Tarso de Castro quando decidiu abrir as duas páginas do Underground e acolher matérias de pessoas como Antonio Bivar, Jorge Mautner e outros". Diante do impasse, o racha, que havia começado no final de 1970, agravou-se em 1971 e finalmente chegou ao ponto mais radical no ano seguinte com a solução drástica.

"A dualidade teve que ser resolvida e a parte majoritária, a visão tradicional, acabou eliminando do corpo do jornal a nova visão."

Em outra entrevista, esta ao editor Sérgio Cohn e concedida em 2016, um ano antes de sua morte, Luiz Carlos Maciel lembraria que havia mesmo um certo confronto entre duas turmas, a do fuminho (obviamente fazendo referência aos que faziam uso constante da maconha, como o próprio Maciel e Jorge Mautner, sob a proteção de Tarso de Castro) e a do uísque (autoexplicativa, e que reunia Millôr Fernandes, Ivan Lessa e Paulo Francis). Estes últimos achavam que Tarso – através da coluna Underground, de Maciel – havia aberto as portas do *Pasquim* para os malucos. Num primeiro momento, Tarso – que chegou a flertar com a contracultura deixando o cabelo crescer – se divertia. Porém, com a sua saída, a coisa ficou ainda mais séria.

Maciel, mesmo com a demissão de Tarso, optou por continuar escrevendo para o jornal. Passado um tempo, foi chamado e comunicado: "Olha, Maciel, você pode parar de escrever porque o Millôr já deu ordem de que a você ele não paga, o *Pasquim* não paga nem um tostão". Maciel resolveu, literalmente, pagar para ver e contrapropôs: "Não faz mal, eu vou escrever de graça para o *Pasquim*". Mas não aguentou manter a provocação por muito tempo: "Eu ainda escrevi de graça por algumas semanas, depois encheu o saco e parei". Nesse período, Mautner também atuou como interino na coluna, escrevendo na ausência de Maciel, quase sempre sobre sua relação com Caetano e Gilberto Gil. A partir do número 135, nem um nem outro estariam mais nas páginas e Underground deixaria de existir.

A disputa entre as duas turmas chegaria ao ápice depois de uma polêmica envolvendo Noel Rosa. Em um artigo escrito para a edição 133, de janeiro de 1972, Jorge Mautner abre o texto classificando o compositor como "um poeta kafkiano, tumultuada alma genial urbana", para logo no segundo parágrafo concluir que Noel Rosa, "o atormentado gênio da pequena burguesia nacional de 1930", era antissemita. Para Mautner, a comprovação estava em versos como "a vida cá em casa está horrível/Ando empenhado nas mãos de um judeu". E conclui: "A única grande crítica que faço a Noel Rosa é seu antissemitismo".

A réplica, ainda mais virulenta, seria dada por Millôr Fernandes três edições depois. O título era "Em defesa de Noel Rosa", com a resposta ao autor de *Maracatu Atômico* sendo dada de maneira oblíqua a partir do subtítulo "a propósito da nota do Ivan Lessa". Começava assim: "Olha, Ivan, não aguento mais este jornal, este tal de *Pasquim*. Fizemos este jornal juntos, uma meia dúzia de velhos e eu, o único jovem do grupo", e seguia num longo parágrafo em que dizia inclusive que o jornal havia sido "assumido por tudo quanto é espécie de mistificação, pretensamente 'do nosso lado'". Mautner só seria citado diretamente no parágrafo seguinte, já com uma dúvida intelectual – "É bem verdade que o autor não existe. Isto é, nunca o vi" – e chamado para a briga, além do já citado Ivan Lessa, junto a outro opositor: "O Francis, dos Estados Unidos, me escreveu várias vezes protestando contra as besteiras dos artigos dele disfarçadas de psicometafisicismo, e você, daí da Inglaterra, não se conteve! Graças a Deus, ainda há juízes em Londres e Nova York".

Ainda na linha de duvidar da existência do autor do artigo, Millôr prossegue: "Mautner deve ser um pseudônimo a mais nos tantos que venho combatendo desde o início do jornal". Logo a seguir, Millôr traz Caetano Veloso para a conversa – "Este pseudônimo tem escrito artigos só para endeusar da maneira mais absurda e mais ruborizante (eu, Caetano, morreria de vergonha se um íntimo meu, Francis ou Ziraldo, começasse a escrever, diariamente nos jornais, artigos dizendo que eu sou um santo, eu sou lindo, eu sou um papa, eu sou Deus)" – e pergunta: "Agora, você já viu, Lessa, algum artigo do Mautner (e outros pseudônimos do Jaguar) afrontando, de verdade, um poderoso do dia, mesmo que seja um desses poderosos de Caderno B?".

Só então o tema da polêmica, Noel Rosa, entraria na coluna. Millôr começa flagrando um anacronismo, lembrando que Mautner havia escrito referindo-se a Noel Rosa: "a tumultuada alma genial urbana (...) durante o muito famoso Estado Novo de Getúlio Vargas" – isso revela sua ignorância histórica, já que Noel morreu em maio de 1937 e o Estado Novo só começaria em novembro do mesmo ano. Finalizando, Millôr seria ainda mais agressivo: "Mas tudo isso eu perdoava se não fosse essa ignomínia, essa leviandade inadmissível, no articulista (por tabela na editoria deste jornal), de chamar Noel Rosa de antissemita, só porque ele fala em judeu". E o encerramento é quase como chamar alguém para briga em praça pública. "Acho o artigo, toda essa artigalhada, toda essa posição impostada e intelectualizante inteiramente artificial e contra a cultura verdadeira que conheço e pode até ser pobre, mas é a única que eu tenho: a cultura do Méier, bairro que compreende (duplo sentido) Vila Isabel. Mautner, não acho você sério. Se percebe?".

Todo esse clima conturbado entraria numa ebulição ainda maior. Antes de Millôr assumir efetivamente a chefia da redação, o *Pasquim* viveria um frenesi. A crise no comando conseguia ser acalmada graças às boas performances em banca, mas nada parecia muito estável. A queda ocorrida no período da prisão não foi definitiva, o jornal se recuperou e até alcançou a barreira dos 100 mil exemplares na edição de número 100, com Dercy Gonçalves – com pouquíssimos palavrões – como entrevistada. A situação só não seria melhor porque, com o endurecimento da censura, os anunciantes passaram também a ser pressionados, e muitos deles aceitaram a pressão e deixaram de anunciar.

Para se salvar, a primeira saída encontrada pela empresa – já com uma visão capitalista mais apurada – foi a de diversificar, levando às bancas coletâneas como *O Melhor do Pasquim* (no começo de 1971) e, depois, os almanaques de Ziraldo e de Jaguar. No ano seguinte outra sacada de alto impacto, porém de relativo sucesso comercial, foi o lançamento do *Disco de Bolso*. O primeiro volume foi um 45 rotações trazendo no lado "A" um nome consagrado da música brasileira – no caso, Tom Jobim, interpretando *Águas de Março* – e, no lado "B", o estreante João Bosco apresentando *Agnus Sei*, uma de suas primeiras parcerias com Aldir Blanc. O projeto se repetiria com Caetano Veloso e Fagner, também sem grande repercussão no mercado. O *Pasquim* chegava ao terceiro ano sem muito a comemorar.

* * *

A faceta musical seria retomada anos depois, em 1976, já em tempos mais calmos, financeiramente falando. O *Pasquim* sempre foi um jornal musical. Talvez pouco na redação. Sérgio Cabral gostava (e entendia) de sambas, marchinhas, choros e de boa parte da história da música brasileira que ajudou a inventariar com a sua coluna Música Naquela Base. Luiz Carlos Maciel foi durante anos vidrado em Jimi Hendrix, trocando-o nos anos 1970 por Charles Mingus e Duke Ellington, este último virando uma de suas maiores obsessões. Sérgio Augusto e Ivan Lessa sempre gostaram de jazz, dos grandes intérpretes do cancioneiro americano (Billy Eckstine, Ella Fitzgerald, Frank Sinatra...). Paulo Francis, sem nunca dar muita atenção à cultura popular, preferia óperas e Richard Wagner. E não há quase registros de preferências musicais explícitas de Tarso de Castro (embora fosse muito próximo de Chico Buarque, Tom Jobim e Caetano Veloso), nem de Millôr Fernandes (que chegou a concorrer com a composição *O Homem*, interpretada por Nara Leão no II Festival de Música Popular, João Bosco apresentando *Agnus Sei Brasileira*, em 1966), tampouco de Jaguar. Ainda assim, o jornal se destacaria por publicar textos de cantores e compositores e por abrir suas páginas para longas entrevistas com os maiores nomes da música do Brasil.

Um destes foi o então mais odiado crítico musical do Brasil. José Ramos Tinhorão, o entrevistado da edição 190, de fevereiro de 1973, já era *habitué* das páginas do *Pasquim*. "Se o leitor se der o trabalho de dar uma olhada na coleção do *Pasquim*, verificará que José Ramos Tinhorão já foi citado não só por entrevistados como por colaboradores sempre como um sujeito ranheta e sectário", lembrou Sérgio Cabral no texto de apresentação da entrevista. Fazendo justiça ao personagem, Cabral explicava "que Tinhorão sempre havia sido julgado pelo supérfluo e nunca pelo fundamental. Ou seja, um grande historiador, um redator admirável, um estudioso que vê com lucidez as coisas da cultura brasileira e, sobretudo, um camarada muito honesto".

Na conversa, Tinhorão confirmou o que se esperava dele, disparando frases polêmicas – "O Tom Jobim é importante para a sua cultura de classe média. Mas para a música popular não tem importância nenhuma. A não ser que você mostre em algum compositor que ganha até três salários mínimos uma influência de Tom Jobim" – e duvidando do alcance popular de outros compositores, como Caetano Veloso, Chico Buarque e Gilberto Gil, além de não concordar com os rumos tomados pelos entrevistadores: "O que acontece é que vocês estão fazendo uma entrevista do ponto de vista da classe média, e eu respondo do ponto de vista do povo".

O Caetano desprezado por Tinhorão seria exaltado por Tárik de Souza na mesma época. Numa coluna em que colocava seu mal compreendido LP *Araçá Azul* na mesma linha dos pouco ouvidos *Música Livre*, de Hermeto Pascoal, e *Cabeça*, de Walter Franco, Tárik via entre eles uma identidade na proposta de construir uma linguagem fragmentada. Para Tárik, Caetano agia quase como um repórter, até pelo fato de ter circulado com um gravador recolhendo sons das ruas de São Paulo.

Musicalmente, o *Pasquim* também seria homenageado por pelo menos três compositores. Jorge Ben Jor (na época ainda Jorge Ben) falava na turma do Pasca em *Cosa Nostra*, dizendo que "Tarso de Castro, que não entende de jornal/E que o Sérgio Cabral é Vasco por fora, mas Flamengo por dentro/Que o Luiz Carlos Maciel está entre o hippie e a Tropicália/ Que o Ziraldo é antimineiro, e só trabalha com barulho/Que o Jaguar é *manager* e aproveitador do Sig/Que o Millôr é o ex-marido daquela mulher/Que o Fortuna vai deixar de fazer o humor para fazer fortuna/ Que o Paulo Francis está inserido no contexto da consumação..." Erasmo Carlos citava Leila Diniz em *Coqueiro Verde* e dizia: "Pois eu vou me embora/Vou ler o meu Pasquim/Se ela chegar e não me vê/Sai correndo atrás de mim". E Paulo Diniz cantaria em *Quero Voltar pra Bahia*: "I don't want to stay here/I wanna to go back to Bahia/Eu tenho andado tão só/ Quem me olha nem me vê/Silêncio em meu violão/Nem eu mesmo sei por quê/Via Intelsat eu mando/Notícias minhas para o Pasquim/Beijos pra minha amada/Que tem saudades e pensa em mim".

Em 1976, numa conversa entre Tárik de Souza, crítico musical do *Jornal do Brasil* e colaborador do *Pasquim*, e Henfil, o primeiro observou que havia um livro pronto dentro dos arquivos do jornal. Henfil ficou espantado, mas de fato tinha. Lançado naquele mesmo ano, com organização e prefácio de Tárik, *O Som do Pasquim* reunia nomes próximos da patota (Chico Buarque, Maria Bethânia, Caetano Veloso, Tom Jobim), alguns mais ou menos próximos (Roberto Carlos e Martinho da Vila) e até alguns que não tinham nada a ver, como Waldick Soriano e Agnaldo Timóteo. Waldick compareceu à entrevista ao lado do advogado e escancarou seu machismo ("Mulher deve ser sempre subalterna ao homem") e reacionarismo ("Sou a favor do Esquadrão da Morte, hippie é marginal, maconheiro, safado"). Timóteo debochou dos entrevistadores ao chegar com um dicionário ("Para procurar as palavras difíceis que vocês falam e a gente não sabe o significado") e atacar meio mundo, principalmente os amigos do *Pasquim*, chamando de ídolos "de elite" os nomes de Caetano, Chico, João Gilberto, Milton Nascimento, Vinicius de Moraes e Tom Jobim. *O Som do Pasquim* seria um dos sucessos editoriais lançados em livro pelo jornal naquele ano e ganharia uma reedição quase três décadas depois, em 2004.

* * *

Outro golaço foi a entrevista da edição de janeiro. Almir Morais de Albuquerque, o Almir Pernambuquinho, era já uma lenda do futebol brasileiro. Isso aos 33 anos, dois anos depois de ter prematuramente encerrado a carreira jogando pelo América do Rio de Janeiro. A vida desregrada e as noites regadas a álcool haviam cobrado seu preço e o jogador, nascido em Recife, que havia começado no Sport e brilhado no Santos de Pelé, teve que abandonar os gramados. Na conversa, ele não fugiu de nenhuma dividida: as brigas – inclusive a mais famosa na decisão do Mundial Interclubes em 1963 –, as catimbas, as arbitragens, as bebidas (não por acaso a entrevista foi feita num bar), as paqueras e a vida de aposentado na praia.

A entrevista seria uma das mais longas e reveladoras dadas pelo craque. Também seria uma das últimas. Um ano depois, Almir se envolveria numa briga no bar Rio-Jerez, em frente à Galeria Alaska, onde costumava bater ponto em Copacabana. Segundo relato dado por testemunhas que estavam no local, Almir teria se revoltado com um grupo que ridicularizava e ofendia alguns atores-bailarinos do Dzi Croquettes, ainda maquiados depois de uma apresentação na Galeria Alaska. Da discussão veio a briga, com Almir partindo para a agressão. O tempo fechou, alguém puxou um revólver e Almir foi baleado na cabeça, morrendo na hora. O assassino, Artur Garcia Soares, alegou legítima defesa e nunca foi preso.

Em maio de 1972, um mês antes do terceiro aniversário do jornal, aconteceria a já aguardada saída de Sérgio Cabral da direção, com Jaguar assumindo em seu lugar. Assessorando-o diretamente estavam Ziraldo e Henfil. Haroldo Zager, ex-contínuo, foi promovido a secretário gráfico. E Sérgio Augusto assumiria, com carteira assinada e tudo, o cargo de editor--geral. Caulos era o diretor de arte. E, mais importante, Dona Nelma seguia firme na secretaria da redação. O endereço da Rua Clarisse Índio do Brasil seria substituído logo a seguir para um novo local, na Avenida Nossa Senhora de Copacabana, onde ficaria por pouco tempo, até se instalar na Rua General Tasso Fragoso, no aprazível Jardim Botânico. O *Pasquim* sesquicentão, a edição de número 150, seria comemorado com Millôr Fernandes saudando que "150 números não é hora de vacilações" e que o "*Pasquim* conseguiu se manter livre, quando todos os outros táxis estavam ocupados; imune, quando todos os outros imploravam vacinas". Tantas mudanças ficariam mínimas diante de um fato tão gigantesco que o atingiria no mês seguinte.

*   *   *

"Leila tem Roque no nome?", perguntou o garçom do Antonio's, enquanto segurava o telefone e se dirigia a uma mesa onde estavam Ruy Guerra, Tarso de Castro e Miguel Faria. Ruy confirmou que sim, pegou o aparelho e desabou em lágrimas. Alguém informava que ela estava morta. A notícia não podia ser mais triste e inesperada.

Aquele ano de 1972 estava sendo intenso. Começara com a descoberta da maternidade – Janaína havia nascido em novembro do ano anterior – e a filha mal tinha completado três meses e Leila já estava na avenida desfilando como Pequena Notável e sagrando-se campeã pela Império Serrano (embora sua escola fosse a Mangueira) com o enredo *Alô, Alô Taí Carmen Miranda*. Logo depois voltaria aos palcos com o espetáculo *Vem de Ré que Eu tô em Primeira*, peça de teatro rebolado escrita pelo amigo Tarso de Castro. Texto que servia apenas como mero guia, já que Leila tinha total liberdade para improvisar e rechear suas falas com dezenas de histórias, a maioria sobre seu período de gravidez. Numa das apresentações, Leila quebrou o pé, foi hospitalizada e precisou interromper a temporada. Ao amigo Tarso, que foi visitá-la, Leila confessou: "Tudo vai dar errado este ano".

Logo depois, *Mãos Vazias*, filme de Luiz Carlos Lacerda, baseado em texto de Lúcio Cardoso, que Leila filmara no ano anterior, foi selecionado para participar do Festival de Cinema de Adelaide. Leila ficou angustiada por deixar Janaína, mas também achava importante divulgar no exterior seu trabalho de atriz. Embarcou no dia 6 de junho e imaginava retornar o quanto antes. Participou apenas da noite de abertura, no dia 11, e seria seis dias depois escolhida como melhor atriz do festival. Uma homenagem póstuma.

Da Austrália, Leila seguiria para a Malásia e de lá para Bangcoc, na Tailândia, onde embarcaria no voo 471 da Japan Airlines. O avião que partira de Tóquio seguia agora para Nova Delhi. Nunca chegou ao destino. No dia 14 de junho de 1972, o Douglas DC-8-53 sofreu uma pane até hoje não esclarecida e caiu no leito seco do Rio Yamuna, a 43 quilômetros do aeroporto da capital indiana. Leila e outras 85 das 89 pessoas que estavam a bordo morreram na hora.

Confirmada a morte que Ruy Guerra se negava a acreditar, Ipanema acordou de luto. O clima de tristeza era geral no bairro que ela havia alegrado como poucos. Como não houve velório, tampouco enterro, a dor se espalhava por bares, restaurantes, boates, redações, casas de *shows*, teatros, praças, praias e tantos outros lugares em que Leila deixara sua vivacidade. O epílogo dessa tragédia se daria dez dias depois, quando as cinzas de Leila, buscadas na Índia pelo seu cunhado, o advogado Marcelo Cerqueira, foram sepultadas no Cemitério São João Batista. Naquele dia,

Cerqueira também mostrou as páginas chamuscadas do diário de Leila que havia sido recuperado. Estava lá: "As saudades de Janaína são muitas. Será que estou sendo a mãe que ela merece? A babá tem ficado mais tempo com ela do que eu. Desse jeito, a mãe acabará babá, e a babá, mãe. Estamos chegando em Nova Delhi. Segundo anunciam, a temperatura local é quase do inferno. Quente paca. Agora está acontecendo uma coisa es..." O texto, como a vida de Leila, ficaria inacabado, faltando um pedaço.

Aos 27 anos, Leila, entre tantos símbolos – de mulher liberada, desbocada, inovadora, independente –, havia sido a musa maior do *Pasquim*. A edição 155, de 20 a 26 de junho de 1972, a homenageia com uma imensa foto ocupando quase toda a página 3. No retrato feito por Paulo Garcez, Leila aparece encarando a câmera, séria, bem diferente da mulher divertida que todos estavam acostumados a ver. Logo abaixo, uma lágrima escorre pelo rosto de um desconsolado Sig.

Leila seria lembrada e homenageada de maneira mais ampla e solene em junho de 1982, quando se completaram 10 anos de sua morte. O *Pasquim* então lançaria uma edição especial no formato de revista, reproduzindo na íntegra a famosa entrevista, e também textos de Luiz Carlos Maciel, Fausto Wolff, Jaguar, Marieta Severo, Carlos Drummond de Andrade, Millôr Fernandes, Betty Faria, Sonia Braga, Domingos Oliveira e José Guerreiro.

* * *

Nos três meses que se seguiriam à morte de Leila, as mudanças seriam incessantes – físicas e empresariais. Logo depois do mandato de Jaguar, Henfil seria o presidente e editor-geral, com o ex-diretor Jaguar e Ziraldo nas vice-direções. Sérgio Augusto seria um dos editores de texto, tendo ao seu lado o velho amigo Ivan Lessa, recém-chegado de Londres.

Mais importante ainda seria a mudança seguinte. Assessorado pelo empresário e *publisher* do semanário *Opinião*, Fernando Gasparian (mais tarde deputado constituinte em 1986 pelo PMDB de São Paulo), o *Pasquim* trocava sua pessoa jurídica. Deixava de ser Pasquim Empresa Jornalística S.A. para tornar-se Codecri, sigla politicamente incorretíssima sugerida por Henfil para Comitê de Defesa do Crioléu. Millôr agora dava as cartas.

* * *

Ao chegar ao *Pasquim* no final dos anos 1960 e assumir definitivamente o comando no começo da década seguinte, Millôr Fernandes já tinha uma ascendência natural sobre seus colegas – a começar pela idade. Era um veterano que se aproximava dos 50 anos, enquanto a maioria da redação era em média bem mais nova do que isso. Millôr tinha de profissão mais do que quase todos os outros tinham de idade.

A contar pela data que ele próprio divulgava, Millôr considerava o dia 15 de março de 1938 – por coincidência, a data de nascimento de Luiz Carlos Maciel – como seu começo na profissão de jornalista. Foi esse dia o primeiro marcado na sua carteira de trabalho na revista *O Cruzeiro*, para onde o adolescente de 14 anos – nascera em 16 de agosto de 1923 – fora levado pelo seu tio Armando Viola, então chefe da seção de gravura da publicação.

Em *O Cruzeiro*, Millôr fazia de tudo um pouco, não por alguma capacidade polivalente tão precocemente demonstrada, mas, sim, pela necessidade – dele e da revista – de preencher longos espaços editoriais com uma equipe reduzida. A redação naqueles tempos muitas vezes se resumia ao diretor Antônio Accioly Netto e ao desenhista Edgar de Almeida. A capacidade de transitar, aliada à curiosidade, transformou o jovem Millôr numa figura conhecida por todos. Em pouco tempo ele já estava acumulando funções, como a de tradutor, vertendo para o português histórias escritas em inglês e que eram publicadas em *O Guri*, outra revista dos Diários Associados, esta dedicada ao público infantojuvenil. E como Millôr havia aprendido inglês? Por conta própria, decorando palavras do dicionário.

A versatilidade de Millôr não passou despercebida por Frederico Chateaubriand, o Freddy, sobrinho do patrão, que o chamou para ser um dos integrantes da equipe da revista *A Cigarra*. Sua capacidade para o novo posto seria testada quase que imediatamente. O atraso de um colaborador deixou Freddy com uma página em branco na mão. Sem saber o que fazer, pediu a Millôr que preenchesse o espaço com algo. Millôr fez o que melhor sabia fazer – e que também lhe parecia tão natural: ocupar o espaço com frases, tiradas, piadas rápidas, chistes, desenhos. Tudo que já estava acostumado a fazer pelos corredores dos Diários Associados.

O sucesso foi instantâneo. A nova coluna marcava o surgimento de Vão Gogo e da seção Poste Escrito e se tornaria fixa na revista. A efetividade traria também a primeira crise: sabendo de seu valor, Millôr pediu seu primeiro aumento salarial, ameaçando sair se não fosse atendido. Levou.

Ainda não havia chegado à maioridade e Millôr – para usar uma expressão tão constante nos dias atuais – precisou se reinventar. A mudança foi completa. Ao requisitar sua certidão de nascimento, o jovem Milton – como até então era chamado por todos – descobriu que seu nome era outro. Avaliando com atenção a caligrafia do escrivão que o havia registrado, Millôr notou que o travessão que corta o "t" pelo alto estava desgrudado da base, parecendo muito mais um circunflexo acima do "o". Assim, Milton morria para renascer como Millôr.

Entrando na década de 1940, Millôr faria parte de uma das maiores revoluções na história da imprensa brasileira. *O Cruzeiro* começava sua vertiginosa ascensão que transformaria a revista num colosso editorial, revelando nomes, publicando reportagens históricas e pautando as demais revistas. Nesse contexto, o sucesso da página de Millôr se ampliaria em 1945 com o surgimento de uma nova seção, o *Pif-Paf*, em que ele passaria a dividir a criação com o cartunista Péricles. Da mesma época também seriam os primeiros livros de Millôr – *Eva sem Costela – Um Livro em Defesa do Homem*, de 1946, lançado sob o pseudônimo de Adão Júnior, e *Tempo e Contratempo*, de 1949, lançado sob o pseudônimo de Emmanuel Vão Gogo. No começo da década seguinte, mais revoluções, com a produção do primeiro roteiro cinematográfico, *Modelo 19*, e, logo depois, a estreia de sua primeira peça teatral, *Uma Mulher em Três Atos*.

A consagração era plena. Millôr produzia muito, com qualidade e com ótima receptividade por parte da crítica e do público. Escrevia peças e roteiros, assinava colunas e artigos, fazia traduções e expunha seus desenhos. A imensa exposição que seu nome e suas ideias passavam a ganhar começaram a lhe trazer problemas. Em 1959, Freddy o convidou para ter um programa na TV Itacolomi, que Millôr batizou como *Universidade do Méier*, atração em que ele aparecia desenhando e fazendo comentários. Já na TV Tupi, comandando o programa *Treze Lições de um Ignorante*, Millôr foi censurado ao fazer uma crítica a Sarah Kubitscheck, primeira-dama do país. Ele brincara com o fato de Sarah, sem trabalhar, ter recebido a medalha da Ordem do Trabalho.

A partir de então, os embates de Millôr com a censura – externa ou interna – e a luta pelo que considerava a liberdade e a independência em suas criações seriam constantes. *O Cruzeiro* era a primeira etapa nessa batalha. Primeiro, com seu pedido de demissão por terem alterado um texto dele com a supressão da palavra "amante". Demissão não aceita pelos patrões, mas Millôr voltaria a se incomodar novamente com um episódio que culminaria com a sua saída da revista.

A crise começou com os desenhos de *A Verdadeira História do Paraíso*, tema que já havia sido abordado nos dois programas que teve nas emissoras de Minas Gerais e do Rio de Janeiro e que também haviam virado peça teatral. Porém, quando foram publicados em dez páginas em outubro de 1963 pelo *O Cruzeiro*, o material passou a sofrer imediatos ataques de grupos católicos. Acuados, os editores não apenas desautorizaram seu principal colaborador como declararam-se surpresos com o material, acusando Millôr de quebra de confiança ao compromisso de criar "um humor inteligente e sadio". Quando a polêmica estourou, Millôr estava em Portugal. Avisado pelo músico e humorista Juca Chaves, Millôr retornou ao Brasil, onde foi recebido com uma carta de demissão assinada pelos diretores dos Diários Associados. A disputa avançou com Millôr recebendo atos de desagravo de amigos jornalistas, escritores e atores. A questão trabalhista foi decidida pela Justiça, dando ganho de causa a Millôr. Num discurso proferido na época, durante um desses atos de apoio, Millôr disse sentir-se "como o navio abandonando os ratos".

No mesmo ano em que se desligou de *O Cruzeiro*, Millôr transferiu-se para o *Correio da Manhã*, onde ficaria apenas um ano, partindo no ano seguinte para a criação de uma revista sua, *Pif-Paf*. O sonho da independência e da vida sem censura não seria possível num país já tomado pela ditadura e pelo governo militar. Millôr foi uma das primeiras vítimas da perseguição política, e *Pif-Paf* teve vida efêmera.

Foi toda essa experiência que deu autoridade a Millôr para escrever a carta em que fazia alertas sobre censura, liberdade de imprensa e longevidade no primeiro número do *Pasquim*. Em 1969, quando foi convidado por Tarso de Castro, Millôr já estava de volta à grande imprensa, assinando desde o ano anterior uma página na *Veja*, criada em 1968.

* * *

Fora do *Pasquim*, no Brasil, a situação não melhorara muito, e em alguns pontos até piorara. O país estava sob o comando do general Emílio Garrastazu Médici, o menos preparado e o mais sanguinário dos militares que se revezaram no poder durante a ditadura brasileira. Como consequência natural, a censura apertava ainda mais. No período entre julho de 1972 e março de 1973, fechar a edição era uma das tarefas mais difíceis da história da imprensa brasileira. Boa parte do material produzido inicialmente era reprovado pelos censores, obrigando muitas vezes o retrabalho ou até mesmo o abandono, já que se tornara impossível salvar muitos textos. Em média, uma edição do *Pasquim* consumia o trabalho equivalente a três edições. A saída era buscar clássicos estrangeiros (Molière, Shakespeare) ou o auxílio de colaboradores menos visados, como Chico Anysio, Rubem Braga, Vinicius de Moraes e Fernando Sabino.

O *Pasquim* que Millôr encontra em setembro de 1972, quando assume a presidência, já é bem diferente daquele que ele havia preconizado com vida curta três anos antes. Paulo Francis, definitivamente instalado em Nova York, começa a enviar textos sobre cinema, livros e – principalmente – sobre os turbulentos anos da presidência de Richard Nixon. O núcleo duro formado ao redor de Millôr se manteria estável apenas com uma única saída, a de Henfil, que em outubro de 1973 foi tentar melhor sorte nos Estados Unidos. Mesmo distante, permaneceu como colaborador enviando de lá seus cartuns e, agora também, textos.

Sob o comando de Millôr Fernandes, o *Pasquim* – na opinião de Sérgio Augusto – atravessaria a sua melhor fase. Além de jogar em várias posições – do humor à filosofia, do jornalismo à tradução –, Millôr conseguia tirar o melhor de cada um dos colaboradores, em especial Henfil, Ziraldo e Jaguar, além de ter deixado o jornal graficamente menos poluído, portanto, mais bonito. Da mesma estirpe plural e polivalente de Millôr, Ivan Lessa também se multiplicava em vários.

* * *

Muito do que sabia de jornalismo e principalmente de escrita, Ivan Pinheiro Themudo Lessa havia aprendido em casa. Era filho único do casal formado pelo escritor e imortal Orígenes Lessa (autor de *O Feijão e o Sonho*) e pela cronista Elsie Lessa. Ivan, nascido em São Paulo em maio de 1935, era ainda bisneto do escritor e gramático Júlio César Ribeiro Vaugham, autor, entre outros, do romance naturalista *A Carne* e também criador da bandeira do estado de São Paulo. Letras e livros sempre estiveram ao seu redor, além de discos, revistas e filmes. Sua natural curiosidade seria ainda mais estimulada por duas mudanças de casa; primeiro para o Rio, aos 7 anos, e um ano depois para Nova York, onde seus pais haviam decidido morar. De volta ao Brasil, tentaria, em 1949, aos 14 anos, uma incipiente carreira cinematográfica como ator mirim em dois filmes: o épico gaúcho *Caminhos do Sul* e, dois anos depois, o drama *Maior que o Ódio*, em que interpretava o papel de Anselmo Duarte quando criança. Nova tentativa dramática seria feita em 1953, sem grandes avanços, a não ser a proximidade com outro integrante do grupo amador: Paulo Francis.

Desistindo da carreira artística, Ivan Lessa precisou arranjar emprego para ter dinheiro que bancasse sua compulsão por livros, discos e revistas. Começou por uma agência de propaganda, onde ficaria pouco tempo, até ser chamado por Paulo Francis, em 1959, para integrar a equipe da recém-lançada revista *Senhor*. Na nova função ele gozava de mais liberdade, ganhava bem mais e podia esbanjar seu conhecimento acumulado, escrevendo sobre temas e personagens que o fascinavam, como *jazz* (Billie Holiday) e bossa nova (João Gilberto).

Demitido por Nahum Sirotsky da *Senhor*, Ivan Lessa voltaria à publicidade e, paralelamente, colaborando com Antonio Maria, já então um dos grandes cronistas brasileiros, além de se envolver com programas televisivos e tradução de livros. É de Lessa a primeira tradução de *A Sangue Frio*, de Truman Capote, lançada no Brasil.

Da turma do *Pasquim*, já era próximo de Jaguar, com quem criara a tira de quadrinhos Chopnics, mas, quando a primeira edição do jornal chegou às bancas, Ivan Lessa estava fora – morava em Londres. Por lá ficaria nessa primeira temporada por quatro anos. Colaborou com o *Pasquim* desde o início, e depois de 1972, de volta ao Brasil, de maneira bem mais efetiva.

O Ivan Lessa de 1972 criava fotonovelas, comandava a seção Gip-Gip! Nheco-Nheco! (expressão tirada da embolada *Trepa no Coqueiro*, de Ary Kerner), desenvolvia personagens e respondia a cartas. Nesta última tarefa, subverteu todas as regras do jornalismo, que mandam ter uma posição equidistante, muitas vezes até servil com relação ao leitor – aquele ser incorpóreo que, autoinvestido de um poder supremo, se sente no direito de esculhambar o trabalho dos outros. Ivan Lessa não levava de parceiro esses missivistas mais agressivos. Respondia no mesmo tom, quando não simplesmente os ignorava, jogando as cartas no lixo e reescrevendo novas opiniões mais afinadas com seu pensamento. Sérgio Augusto diz ter encontrado em Ivan Lessa seu colega ideal. Em dupla, realizaram todos os desejos jornalísticos que sempre acalentaram: parodiaram super-heróis, criaram seções, inventaram fotopotocas... Uma página em branco na mão deles era um convite à ousadia. Cada centímetro era aproveitado (são famosos os desenhos, frases e aforismos que ocupavam até as margens) e nada se perdia.

* * *

Os primeiros meses do mandato de Millôr Fernandes, em 1972 e 1973, dariam também um novo posicionamento ao *Pasquim*. A página 3 ganhou claramente o perfil de espaço dedicado à palavra do editor. Ali Millôr transforma aquele latifúndio editorial em um feudo seu. A página ganha um título fixo, E Isso É Isso, e um selo. No canto superior esquerdo há um desenho em que o Pão de Açúcar se funde a um corpo feminino, e um lema, totalmente bairrista: "Um ponto de vista carioca". Como é de seu feitio, Millôr ocupa a totalidade do espaço com frases (os "pensamentões" e os "pensamentinhos"), ilustrações e textos de maior fôlego. Também ao seu estilo, os textos alternam tiradas humorísticas com assuntos sérios. A página seria uma das que tiveram trajetórias longas no jornal. Às vezes interrompida, como, por exemplo, quando Millôr passou uma temporada vivendo em Portugal, E Isso É Isso permaneceria até quase o fim do seu mandato na presidência do Pasquim.

Outra característica do período seria uma certa internacionalização dos assuntos comentados. Impedidos de abordar de maneira clara e explícita o que estava acontecendo no Brasil, os jornalistas do *Pasquim* optam por destrinchar outros cenários. O mais óbvio e contundente é o Vietnã, que resistia bravamente aos ataques norte-americanos e parecia cada vez mais próximo da vitória. Outros temas internacionais igualmente ganhariam as páginas: o comando da junta militar na Grécia, a situação política do vizinho Uruguai e novamente os Estados Unidos e os imbróglios envolvendo Richard Nixon e o caso Watergate. Em quase todas essas páginas já era possível notar a digital de Paulo Francis.

* * *

Integrante de primeira hora na história do *Pasquim* – escreveu já quase desde o início a convite de Tarso de Castro e foi um dos afetados pela "gripe" de novembro de 1970 –, Paulo Francis, paradoxalmente, foi se destacar mais nas páginas do jornal depois que se distanciou do Brasil. Adotar Nova York como sua cidade a partir de 1971 foi o destino natural do sempre cosmopolita Franz Paul Trannin da Matta Heilborn, carioca nascido em 1930, neto de um alemão luterano que comercializava café. Aluno do tradicional Colégio Santo Inácio, em Botafogo, Paulo Francis teria o teatro como sua primeira paixão. Foi aluno do grupo de estudantes mantido por Paschoal Carlos Magno, quem, aliás, lhe sugeriu adotar o nome artístico de Paulo Francis. A experiência como ator e diretor, com aperfeiçoamento em literatura dramática na Universidade de Columbia, em Nova York, possibilitou que sua área de atuação se ampliasse, assumindo a crítica de teatro do *Diário Carioca* a partir de 1957.

Logo no início de suas colaborações com o *Pasquim*, Paulo Francis pisaria na bola. O episódio que acabou virando gíria, Yamamoto, fazia referência a uma crítica escrita por Francis sobre o filme *Tora! Tora! Tora!*. No texto, ele disse que o almirante Isoroku Yamamoto, comandante das operações navais do Japão durante o ataque a Pearl Harbor, havia comparecido à *première* do filme, em 1971. Só que o militar japonês estava morto desde abril de 1943. Com a repercussão gigantesca que houve, Paulo Francis se sentiu na obrigação de se explicar. E o fez na coluna Opiniões Pessoais, publicada na edição de número 98. Ali, Francis dizia já ter recebido "15 cartas (até hoje, domingo, 9 de maio, o correio deve trazer mais) sobre a ausência do almirante Yamamoto na estreia de *Tora! Tora! Tora!*". Mais adiante, também explicava seu método de escrita e suas citações. "Fico até envergonhado de explicar. Meninos, elas representam o meu apreço pelo leitor inteligente, mas, talvez, desinformado". E no final dá uma banana para os leitores que não quiserem acompanhá-lo, com seu estilo e suas idiossincrasias. "Escrevo para mim, me criticando, mais do que ninguém. Quem quiser ler, ótimo, quem não, idem. *Adieu*."

Pouco mais de um ano depois, no texto *Duas ou Três Coisas que Eu Sei de Mim*, publicado no número 102, de junho de 1971, Paulo Francis voltaria a falar do estilo que criou e se apresentaria desta maneira: "É tempo de dar um balancete". E em seguida desfiaria todas as redações pelas quais tinha passado naqueles 14 anos: "*Revista da Semana, Diário Carioca, Jornal do Cinema, Revista Senhor, Última Hora, Jornal do Brasil, Correio da Manhã, Visão, Realidade, Enciclopédia Barsa, Enciclopédia Larousse*, revista *Diner's*, revista *Civilização Brasileira, Tribuna da Imprensa*, revista *Política Externa Independente, Reunião, Folha da Semana, Manchete, O Cruzeiro, Fairplay* e o *Pasquim*". Paulo Francis acrescentaria, dizendo acreditar ter esquecido de algo, que "são milhões de palavras" e que foi "repórter, editor, colunista, diretor, editorialista". Assim, ele finaliza o longo primeiro parágrafo agradecendo a Hélio Fernandes (diretor da *Tribuna da Imprensa* e irmão de Millôr Fernandes) o fato de ter sido ele o primeiro a lhe garantir um texto assinado e também por "pertencer a uma espécie rara na imprensa brasileira: o polemista profissional". Nessa lista, Paulo Francis agrega o seu nome aos de Hélio Fernandes e de Carlos Lacerda.

Ainda no mesmo texto, Paulo Francis enumera seus heróis (Sigmund Freud, Leon Trotsky, Rosa Luxemburgo, Walter Benjamin e Isaac Deutscher) e também os autores que "levaria para uma ilha deserta": William Shakespeare, Eurípedes, Marcel Proust, Raymond Radiguet, D.H. Lawrence, George Orwell, Saul Bellow, Emily Bronte, Herman Melville, T.S. Eliot, Rex Stout, F. Scott Fitzgerald, Oscar Wilde e, novamente, Trotsky e Benjamin. Entre os brasileiros, apenas o seu colega Millôr Fernandes merece ser relacionado, "o único a manejar a nossa língua sem inibições acadêmicas e quase sempre de forma brilhante".

No final, Paulo Francis encerra seu autoperfil declarando como acha difícil ser Paulo Francis. "Meninos, sobrevivi, não me vendi, às vezes. Com muito álcool chego a me tolerar." Para logo em seguida explicar que o contrário é muito mais difícil. "E bebo, naturalmente, para tornar as outras pessoas interessantes."

Conviver com os outros foi uma dificuldade que sempre o acompanhou. Distante dos palcos e próximo das laudas, Paulo Francis não demonstraria empatia com ex-colegas de teatro. Um episódio ficaria famoso. Ao atacar a atriz Tônia Carrero, ele conseguiria atrair a ira de dois defensores da atriz: o ator Paulo Autran, um dos melhores amigos de Tônia, e o também ator Adolfo Celi, na época marido dela. A dupla vingaria a ofensa com socos e cuspes na cara de Paulo Francis. Anos mais tarde, o jornalista reconheceria os excessos e se declararia arrependido pelos acontecimentos.

Na década seguinte, já cada vez mais envolvido nas redações, Paulo Francis seria convidado por Samuel Wainer para assumir a coluna de política do jornal *Última Hora*. Duraria pouco. Tanto pelo seu radicalismo em defesa de Leonel Brizola quanto porque a situação ficaria irrespirável já nos primeiros meses de 1964.

Sua entrada no *Pasquim* quebrava o estilo vigente – desaforado, anárquico e irresponsável. Paulo Francis até podia ser tudo isso, mas não ao mesmo tempo, como era Tarso de Castro, que foi quem o convidou a colaborar. Paulo Francis, que nunca fez questão de ser engraçado, subverteu de imediato a proposta editorial lançada por Tarso, sugerindo textos longos, analíticos e sérios. Deu certo. Sua fórmula não apenas o consagraria, como faria surgir dezenas de imitadores, a maioria sem um décimo do talento do Paulo Francis original. Longe do *Pasquim* e do Brasil, a partir de 1971 – quando foi viver definitivamente em Nova York, subsidiado por uma bolsa da Fundação Ford conseguida por intermédio de Fernando Gasparian – continuou escrevendo regularmente para o jornal até janeiro de 1976.

* * *

Da fase Millôr, a capa mais emblemática talvez seja a de número 187, de fevereiro de 1973, que registra a assinatura dos Acordos de Paz de Paris, para dar fim à Guerra do Vietnã, o que não significou o fim das hostilidades. No exemplar, a primeira página adota uma versão em que o logotipo do jornal é adaptado, virando "Pazquim". O título se completa com um cartum de Redi mostrando um soldado americano ao lado de uma enorme bomba com um formato semelhante ao de um supositório e perguntando: "E agora, onde é que eu enfio isto?". Redi é um dos novos nomes que passam a fazer parte do elenco na renovação proposta por Millôr. Participam dessa fase Guidacci, Caulos, Vilmar, Demo, Duayer, Nani, IF, Calicut e Mariza. Todos se integram rapidamente e ajudam a suprir uma falta que será bem sentida pelo jornal: a de Henfil.

O mandato de Millôr também se caracteriza por constantes e agressivos ataques a Adolpho Bloch, seus parentes e suas empresas, em especial à revista *Manchete*. Filho de uma família judia que vivia na Rússia no começo do século passado, Adolpho Bloch deixou sua terra natal aos 9 anos, na época da Revolução Russa. Pelos próximos cinco anos, a família peregrinou pela Ucrânia e pela Itália até chegar ao Rio de Janeiro em 1922. Investindo no mesmo ramo em que já trabalhavam na Rússia, o gráfico, os Blochs prosperaram e, no começo da década de 1950, Adolpho ampliou o alcance dos negócios com a inauguração da revista *Manchete*.

Famoso pelos rompantes de grosseria – chegava a mastigar os negativos das fotos que lhe desagradavam – e pela sovinice, Adolpho Bloch era tido como mau patrão, comandante de um império que explorava seus funcionários e pagava baixos salários. Somado a isso havia a figura do empresário conservador na política e bajulador dos governos, primeiro com Juscelino Kubitschek e depois disso com todos que o sucederam. Esse perfil moldou o personagem que acabou se transformando num prato cheio para o deboche e o esculacho.

Na mesma edição do "Pazquim", duas charges do personagem Adolpho-o-bom-caráter (um gordo com imenso nariz e inegáveis semelhanças com o dono da *Manchete*) ridicularizam o empresário. Nas duas, Adolpho aparece lendo um jornal. Na primeira, com a manchete de que havia caído o avião pilotado pelo filho do magnata grego Aristóteles Onassis, Adolpho comenta que aquilo havia sido estratégia da família para continuar saindo nos jornais. Na outra, sobre a guerra do Vietnã, Adolpho, com lágrima nos olhos, lê o jornal e ironiza perguntando quem vai dar *napalm* às criancinhas. Na mesma seção de Dicas, Ivan Lessa critica os camarins do Teatro Adolpho Bloch, e, na edição seguinte, Sérgio Augusto admite que "nem só de Blochs nós vivemos aqui".

O mesmo Sérgio Augusto viria com tudo para cima de Adolpho Bloch na edição 257, de junho de 1974, em que, numa carta aberta à repórter Judith Patarra, Sérgio Augusto critica o perfil escrito por ela sobre o empresário para a revista *Mais*. "Se a sua intenção, ao perfilar Adolpho Bloch na revista *Mais* número 10 era causar indignação e repulsa na classe à qual a senhora, com todos os direitos, pertence, seu trabalho foi sem dúvida perfeito", começa Sérgio Augusto. Em seguida, ele ataca o método de apuração realizado por ela, que teria entrevistado apenas pessoas autorizadas por Bloch e que teria se sujeitado a submeter o texto a ele antes que fosse publicado pela revista. Sérgio Augusto sugere, então, que ela faça um "cândido perfil de um xará famoso do seu querido Adolpho Bloch, que, figura também folclórica, adorava cães, apreciava a pintura, Wagner e era coprófilo". Alguém tem dúvida de que o personagem sugerido fosse Adolf Hitler?

Na sequência, Sérgio Augusto comenta as poucas críticas emitidas na reportagem – "ele é muito feio", "parece contraditório", "veste-se com simplicidade" – e lamenta que Judith tenha sido preguiçosa, dando voz apenas aos que se dispunham a elogiar o patrão. "Só mesmo de um executivo da empresa – seria o inefável Murilo Melo Filho? – a senhora poderia ter recolhido esta definição hilariante: 'Ele aceita críticas, quando justas.'"

Bem escrito e informativo, o texto de Sérgio Augusto traçava um perfil muito mais amplo e revelador do que o original feito por Judith Patarra. O fecho – em que Sérgio Augusto informa à repórter a feitura de um livro sobre Adolpho Bloch, em parceria com outros colegas jornalistas

– é um primor: "Se a senhora, por acaso, pretendeu ser irônica, puxa, que decepção".

* * *

A ditadura, próxima de completar sua primeira década, começa a sofrer seus mais fortes questionamentos. Indicado por Médici e aprovado pela convenção da Arena em junho de 1973, Ernesto Geisel – também general, também gaúcho – teve a sua aparentemente tranquila eleição indireta afrontada pelo lançamento de uma anticandidatura. Fruto da insatisfação parlamentar, sintonizada com a voz rouca das ruas, a anticandidatura nascera no Congresso nas alas mais à esquerda do MDB, o então único partido da resistência democrática. Seu símbolo foi o paulista Ulysses Guimarães, já então um expressivo deputado e presidente nacional do partido. A Ulysses associou-se Barbosa Lima Sobrinho, ex-governador de Pernambuco, jornalista e presidente da Associação Brasileira de Imprensa. Os dois ignoraram os conchavos militares e a candidatura oficial e foram fazer campanha num campo democrático onde seus adversários jamais teriam sucesso: nas ruas.

A estratégia deu certo, não em curto prazo. Como era previsto, a anticandidatura foi fragorosamente derrotada no Colégio Eleitoral (400 votos a 76), mas a semente germinada pelos candidatos emedebistas daria frutos pouco mais de um ano depois. Nas eleições de novembro de 1974, o MDB sairia com uma musculatura invejável. Só para senador, então o principal cargo majoritário que podia ser disputado, o MDB saiu vitorioso em 16 dos 22 estados brasileiros, aí incluídos os eleitoralmente mais representativos, como São Paulo, Minas Gerais, Rio de Janeiro, Pernambuco e Rio Grande do Sul.

O *Pasquim* em 1974, sem prever como a oposição seria bem-sucedida nas urnas no final do ano, chegava a abril invejando os portugueses, que com a Revolução dos Cravos deram fim a uma ditadura que já durava 41 anos. Ziraldo até se propõe a inverter o tradicional anedotário português, sugerindo que fosse adotada "a última do brasileiro" cada vez que fosse se referir a alguém com baixa capacidade cognitiva para entender uma piada. A performance da seleção brasileira na Copa da Alemanha, já sem Pelé e novamente sob o comando de Zagallo, também não seria animadora, rendendo poucos assuntos nas páginas do jornal.

A situação passaria a melhorar no segundo semestre, com o país sendo tomado pela esperança que as eleições poderiam representar. Numa campanha cívica e exaltada, o *Pasquim* passa a usar o verbo "votar" em todas as suas formas, nas chamadas de capa. Era a maneira encontrada pelos editores para conclamar os (e)leitores e mandar seus recados ao governo.

Como o *Pasquim*, impedido pela censura, não podia fazer a cobertura das eleições, restava ao jornal sair pela tangente, brincando com o tema em capas, como a edição 281, lançada logo após a divulgação dos resultados, em que a palavra "eleição" aparece com destaque e em letras pequenas o complemento "de Dina Sfat para mulher mais sexy do Brasil".

O começo de 1975 traria ao jornal uma mudança simples, porém simbólica. A partir da edição 289, da última semana de janeiro, o artigo que antecedia o nome do hebdomadário desde o primeiro número seria suprimido. Daquele momento em diante o jornal passava a ser identificado na capa apenas como *Pasquim*. A brisa da ainda incipiente abertura política também começa a soprar para os lados do *Pasquim*. Os novos parlamentares haviam sido empossados poucos dias antes, quando em 24 de março de 1975 o telefone tocou na mesa de Dona Nelma. Do outro lado da linha, quem ligava pedia para falar com Jaguar. Nelma passa o aparelho ao editor, com Sérgio Augusto ao lado. O que parecia trote era um curto recado de apenas duas frases vindo de Brasília. A primeira parte parecia um bálsamo, uma mensagem há muito aguardada: "Vocês agora não precisam mandar mais nada para a censura". O aviso se completava com uma quase ameaça e uma incumbência: "Agora a responsabilidade é de vocês". Jaguar pôs o telefone no gancho e falou: "Estamos fodidos. Agora, como vamos fazer o jornal?".

De imediato, houve uma discussão muito tensa. A edição que estava sendo preparada para ser enviada aos censores já estava praticamente fechada. Era uma edição comemorativa, a de número 300, com 40 páginas e com entrega programada para dali a cinco dias. Estava prevista, inclusive, uma página desenhada por Demo. Os personagens de Jaguar, Millôr, Ziraldo e Sérgio Augusto eram facilmente identificáveis. Millôr resolveu mexer na edição e testar os limites da censura que acabara de ser revogada. Na página 3 do jornal, escreveu: "A responsabilidade sempre foi nossa", no texto que trazia o título óbvio e provocador de "Editorial sem censura". E prossegue: "A ausência de censura no *Pasquim* é assim, neste momento e neste país, um privilégio amedrontador e quase insuportável". Até chegar ao final de uma maneira irônica e agressiva. "Num país em que publicações como *Tribuna da Imprensa, Veja, Opinião, O São Paulo* continuam a ser editadas pela ignorância, pelo tédio e até pelo ódio pessoal dos censores, e o periódico *Argumento* está definitivamente proibido de circular, este jornal, só, pobre, sem qualquer cobertura – política, militar ou econômica – e que tem como único objetivo a crítica aos poderosos, não pode se considerar livre."

O que Millôr escrevera era verdade. A suspensão da censura prévia em jornais e revistas fazia parte da estratégia dos generais Geisel e Golbery de aliviar o regime. Como se dizia na época, era um gesto da "distensão lenta, gradativa e segura". Um dos primeiros beneficiados havia sido o jornal *O Estado de S. Paulo*, sem censura desde janeiro. Na sequência viria o *Pasquim* e, mais adiante, a *Veja* (em 1976), o semanário *Opinião* (em 1977) e *O São Paulo*, jornal da arquidiocese paulistana (em 1978).

A provocação do editorialista surtiu efeito. Não o esperado, mas o previsível diante de tal afronta ao poder. O governo, muito provavelmente revoltado com o texto, mandou apreender toda a edição do jornal nas bancas. Tudo indicava que o texto era o pivô, porém, como lembraria Jaguar na edição 521, os motivos alegados pela censura foram outros: o uso da palavra "porrada" na tira Chopnics de Jaguar e Ivan Lessa, e uma dica de Millôr que gozava da então recém-viúva Jacqueline Onassis, dizendo que ela "não só nasceu de rabo para a Lua, como soube usá-lo". Por essas piadas, os três jornalistas foram processados por "atentado à moral pública".

A partir do número 305, o *Pasquim* teria uma nova seção que surpreenderia pelo inusitado e por ter sido realizada quase que no calor dos acontecimentos. Pasquim-Censura foi o nome dado ao espaço onde passaram a ser publicadas matérias e ilustrações que pouco tempo antes haviam sido proibidas. Para dar um tom ainda mais chamativo ao material, a publicação preservava a ação dos censores, com os artigos e desenhos ainda rasurados pelas canetas Pilot.

Porém, cinco semanas antes disso, acabou tendo vida breve o que seria a primeira edição publicada sem os cortes feitos pela censura prévia exercida sobre o jornal desde 1970. Millôr testara os limites até mesmo recuperando uma de suas frases mais famosas, "Imprensa é oposição. O resto é armazém de secos e molhados", e colocando-a logo abaixo do logotipo, na capa. A frase até seria explicada numa Dica, no final da edição: "O *slogan* acima, que a partir de hoje passa a figurar sempre na capa do *Pasquim* como lema de ação deste jornal, foi vetado pelos censores durante três anos, em mais de vinte tentativas que fizemos de publicá-lo. E, ao que parece, não é subversivo, não é corruptor, nem pornográfico. Antes, é uma desprendida tomada de posição dos editores do PASQUIM, que veem a imprensa como um ato de crença no bem público."

Já na edição 301, um pequeno detalhe no alto do expediente da página 2 revelava uma imensa mudança nos rumos do jornal. A Editora Codecri Ltda. passava a ter como diretor responsável o nome de Sérgio de Magalhães Gomes Jaguaribe, o Jaguar. O *Pasquim*, apreendido por causa do texto de Millôr, foi também o último em que ele esteve à frente do jornal.

CAPÍTULO 4

CAÍA A TARDE FEITO UM VIADUTO

A palavra relativa a um "indulto de caráter oficial" entrou em pauta em 1975. Era a parte final de uma sigla que misturava uma expressão já bem gasta (Movimento), outra que começava a crescer (Feminino) e finalmente uma novidade (Anistia). O Movimento Feminino pela Anistia (MFPA), que aos poucos começou a ocupar as páginas dos jornais, era uma entidade criada em São Paulo e encabeçada por Therezinha de Godoy Zerbini. Aos 47 anos, Therezinha já tinha um currículo ligado ao direito, à assistência social e ao ativismo pelos direitos humanos. Ela também era casada com o general Euryale de Jesus Zerbini, que à época do Golpe de 64 foi um dos poucos a assumir uma atitude legalista, posicionando-se pela permanência de João Goulart. Por causa disso, ele teve seus direitos políticos cassados e foi mandado para a reserva. Engrossando a posição defendida pelo marido, Therezinha enfrentou a ditadura militar desde os primeiros dias.

A primeira prisão ocorreu em fevereiro de 1970, depois de Therezinha ter sido enquadrada na Lei de Segurança Nacional. Seu crime: ter intermediado com amigos de sua família o empréstimo de um sítio para a realização do congresso da União Nacional de Estudantes (UNE), entidade então proscrita pelo regime.

Detida por oito meses, Therezinha ficaria no Presídio Tiradentes, em São Paulo, onde conheceria outra detenta que se envolvera com a luta armada: Dilma Linhares. Quarenta anos mais tarde, sem mais adotar o sobrenome de seu ex-marido e usando o seu de nascença, Rousseff, Dilma chegaria à Presidência da República.

Livre, Therezinha não se afastaria da militância e seguiria na luta pela redemocratização. Com a declaração da Organização das Nações Unidas (ONU) de que 1975 seria o Ano Internacional da Mulher, Therezinha encontrou o terreno fértil e propício para a criação do Movimento Feminino pela Anistia. No mesmo ano seria lançado um manifesto com mais de 16 mil assinaturas, em que a palavra-chave era evidenciada: Anistia. Seguida de outras duas palavras que definiriam claramente como essa anistia deveria ser: "ampla e geral".

O trabalho pela frente era gigantesco. Primeiro, era preciso denunciar a existência de presos, torturados e perseguidos políticos. Depois, exigir que o governo tomasse providências. Tudo parecia muito estranho e o estranhamento ficaria ainda maior em outubro de 1975. Naquele mês, o jornalista Vladimir Herzog foi encontrado morto na prisão em São Paulo. A primeira versão, amparada pelo laudo médico oficial, não convenceu ninguém: Herzog teria cometido suicídio. O assunto não ganhou destaque nas páginas dos grandes jornais. O *Pasquim* conseguiu driblar o que não pôde ser dito e publicou uma notícia referente ao culto ecumênico promovido pela Associação Brasileira de Imprensa (ABI) em memória do jornalista morto.

Quase que simultaneamente, Therezinha vinha liderando suas primeiras ações à frente do Movimento Feminino pela Anistia com a formação de comitês regionais. Além de São Paulo, montado de imediato, Therezinha deixou sua marca no Rio Grande do Sul, aí contando com Dilma, que, agora também fora da prisão, voltava a militar politicamente em Porto Alegre.

Mesmo com a situação nacional pesada, o momento encontrado por Therezinha para levar seu discurso adiante era quase perfeito. Ainda abalado pelas derrotas eleitorais de 1974, o governo estava desorientado. Isso abria espaço para os mais variados movimentos populares. Ainda que de forma cuidadosa, estudantes, associações de classe, trabalhadores organizados e tantos outros grupos ligados ao que se convencionou chamar de sociedade civil passaram a ocupar universidades, sindicatos, associações, igrejas e praças públicas para reivindicar mais liberdade e maior participação popular nas decisões políticas.

Antes de fechar o ano de 1975, na penúltima edição, o *Pasquim* lançou *Prata da Casa*, um suplemento especial de dez páginas, encartado na edição 338, totalmente dedicado aos cartunistas. "Uma das acusações sempre feitas ao *Pasquim* é a de que ele é (ou era) um jornal de panelinha, fechado, que não dava vez a ninguém. Que besteira", justifica-se Ziraldo no editorial de abertura. "Nós temos pouco mais de seis anos de vida e, assim, no olho sou capaz de arriscar que ele lançou mais gente, no campo do cartum, do que – por exemplo – *Careta* ou *O Malho* ou *A Manha*, ou mesmo *O Cruzeiro*, de saudosíssima memória." Em seguida, Ziraldo cita alguns nomes lançados pelo *Pasquim*: Reinaldo, Duayer, Demo, Miran, Emil, Nilson, Benjamin, Solda e "outros que viram seus primeiros desenhos de humor serem publicados aqui em nossas páginas".

Afora os nomes nacionais, o *Pasquim*, desde sempre, abrigava em suas páginas as presenças de cartunistas estrangeiros. Além do Don Martin, no primeiro número, o *Pasquim* contou ainda com as colaborações de Sérgio Aragonés (também da revista *MAD*), Quino, Jules Feiffer, Virgil Partch, o VIP, Wolinski e Copi. Estes eram apresentados na seção Departamento Internacional.

Se 1975 fora marcado pelas ameaças de retrocesso – o combate à ditadura que o *Pasquim* comemorou mais efusivamente foi a morte de Francisco Franco, na Espanha, em novembro –, 1976 trazia a esperança, a começar pelas eleições que seriam realizadas no final do ano e que poderiam significar nova goleada da oposição nas urnas.

Antes disso, em agosto, o Brasil seria abalado pela morte de Juscelino Kubitschek. Presidente ativo, festivo e charmoso, Juscelino colocava-se como o favorito nas eleições canceladas de 1965 e foi um dos líderes da Frente Ampla três anos depois. Nos anos 1970 continuou sendo um dos grandes nomes da política brasileira, ainda que – por ter sido cassado – estivesse afastado dos comandos partidários e das disputas eleitorais. Por todos esses motivos, e muitos mais, sua morte – violenta e inesperada –

provocou imensas manifestações populares de apreço e de reação ao regime. Em sua edição de número 374, o *Pasquim* lembraria o ex-presidente com uma pequena obra-prima de Ziraldo, com as letras JK sendo pinçadas e retiradas de um imenso alfabeto que ocupava quase toda a extensão da página. As homenagens se repetiriam na edição seguinte, com a publicação de uma imensa entrevista inédita feita com JK pelo jornalista Argemiro Ferreira em outubro de 1973. Na conversa, Juscelino recordava a formação da Frente Ampla e a aproximação com Carlos Lacerda, um de seus maiores inimigos políticos. "Eu fiz questão de virar a página. Foi a única maneira que nós podemos conversar, com a página virada, né? Olhando pra diante, olhando pra frente."

Vítima de um acidente automobilístico que até hoje causa dúvidas se foi provocado ou acidental, Juscelino Kubitschek morreu durante uma viagem de carro na Rodovia Presidente Dutra, quando o automóvel em que viajava, um Opala, bateu violentamente numa carreta carregada de gesso. Juscelino e seu motorista, Geraldo Ribeiro, tiveram morte instantânea. A primeira versão oficial tratou a morte como um acidente normal. Porém, acontecimentos posteriores levaram muitas pessoas próximas do ex-presidente a acreditarem na tese de que Juscelino havia sido a primeira vítima de uma conspiração que visava eliminar os principais líderes oposicionistas.

A tese ganhou volume menos de um semestre depois, ainda em 1976, com a morte inesperada de João Goulart. O vice-presidente, vivendo em exílio com a família em Mercedes, na Argentina, foi vítima de um ataque cardíaco. Houve suspeita de que o enfarte, ocorrido em dezembro daquele ano, pudesse ter sido provocado por envenenamento, já que era sabido que Jango era monitorado por grupos militares uruguaios, argentinos e brasileiros. Em sua penúltima edição de 1976, o *Pasquim* homenagearia Juscelino e Jango com a publicação de uma foto grande dos dois na página central. O *Pasquim* criava o Post(er) Mortem.

A terceira parte desse quebra-cabeça macabro se completa com a morte de Carlos Lacerda, também vítima de um inesperado enfarte. Juscelino, então com 73 anos, Lacerda com 63 anos e Jango com 57, ainda não poderiam ser considerados velhos políticos aposentados e, mesmo à distância, exerciam fortes lideranças.

Pelos anos seguintes, investigações, inquéritos, exumações e teorias tentaram esclarecer o mistério das três mortes de políticos importantes num período inferior a um ano. Nada ficou provado, e as mortes foram tomadas por naturais. De concreto, apenas o alerta feito pelo próprio João Goulart durante conversa com o jornalista Carlos Castello Branco, no Hotel Claridge, em Paris, em setembro de 1976: "Eles matam pessoas, Castello!"

Os abalos políticos seriam amplificados com os ataques com explosivos. Uma semana antes da morte de JK, uma bomba explodiu no sétimo andar do prédio da Associação Brasileira de Imprensa – o atentado não deixou vítimas pelo fato de alguém ter avisado o horário da detonação. Outra bomba, colocada na Ordem dos Advogados do Brasil, não chegou a explodir. E em setembro até o insuspeito Roberto Marinho, conspirador e simpatizante do golpe desde o primeiro momento, sofreu um ataque com uma bomba colocada em sua casa no Cosme Velho, também sem deixar vítimas. No mês das eleições, em novembro, mais duas bombas encerram a temporada de terror: uma contra o jornal *Opinião*, outra num depósito da editora Civilização Brasileira.

O Natal de 1976 chegaria com uma edição especial, o Pasquinzão de Natal, com 64 páginas, Marília Pêra na capa e uma grande entrevista com um personagem símbolo da boemia carioca (embora fosse capixaba) e que tinha tudo para ser da turma do jornal, ainda que não fosse: Carlinhos Oliveira. Cronista do *Jornal do Brasil*, inteligente, culto, desaforado e bom de copo, Carlinhos poderia ter estado mais presente nas páginas do *Pasquim* não fosse ele também, no meio disso tudo, muito próximo de Adolpho Bloch. Jaguar explicou: "Esta entrevista custou, mas saiu: tanto nós quanto Carlinhos Oliveira sabíamos, desde o primeiro número, que ela seria uma das maiores já publicadas no *Pasquim*. Por causa de um triângulo desamoroso (*Pasquim*, Carlinhos, Adolpho Bloch), nós (*Pasquim* e Carlinhos) nunca acertávamos os ponteiros: quando a gente queria, Carlinhos não dava, quando ele queria dar, a gente não queria".

Por sorte, os ponteiros se acertaram e a entrevista foi ótima – para todos. "De minha parte, eu acho que ela tem o valor de um livro", avaliou Ziraldo. Desabrido, Carlinhos falou de tudo: bares, bebidas, mulheres, fantasias homossexuais e literatura. Escarafunchou os próprios sentimentos lembrando o suicídio do pai quando ele tinha três anos. E ainda afrontou seus entrevistadores classificando Adolpho Bloch como "um ser humano adorável, uma pessoa com alguns defeitos maravilhosos". Já com a entrevista se encaminhando para o final, Carlinhos confessou que seu plano mais imediato era não morrer. O plano deu certo, de algum modo: ele viria a falecer dez anos depois, vítima de complicações diabéticas e insuficiência respiratória, aos 51 anos.

Nesse período de incertezas que foi o biênio 1975/1976, o *Pasquim* atravessaria também uma série de mudanças internas. De imediato à saída de Millôr Fernandes, Sérgio Augusto assumiu uma página, É Isso Aí, com comentários sobre notícias da imprensa e de outros jornais, além de cinema, livros e outros temas. É Isso Aí ocuparia a já tradicional página 3. Mais tarde, Ivan Lessa publicaria a sua série ABC do Sexo (estreou no número 368, de julho de 1976), e logo a seguir Ziraldo criaria o Caderno Z.

O noticiário policial ganharia uma cobertura mais encorpada com as colaborações do repórter Octavio Ribeiro, o Pena Branca. Uma das entrevistas de Pena Branca foi com José Guilherme Godinho Ferreira, o Sivuca. "Cana dura estimado por colegas novatos e veteranos da Polícia do Rio", como foi apresentado pelo entrevistador, Sivuca era a face mais exibida da Scuderie Detetive Le Cocq ou Esquadrão Le Cocq, organização policial criada para vingar a morte do detetive Milton Le Cocq e que acabou se transformando no embrião do Esquadrão da Morte. Sivuca – cujo apelido foi tirado da expressão "Cuidado que ele pode *sinvucar*", sem nenhuma ligação com o músico nordestino – concedeu a entrevista no 29º Distrito Policial, onde era inspetor-chefe. Em dez horas de conversa, com a entrevista dividida em duas edições, Sivuca, falando com naturalidade sobre sangue, prisões, tiroteios e mortes, orgulhou-se de seu currículo, que incluía a prisão ou a eliminação de bandidos como Lúcio Flávio, Tião Medonho, Mineirinho, Caveirinha e Coisa Ruim. (Catorze anos depois dessa entrevista, Sivuca, com o *slogan* "Bandido bom é bandido morto", seria eleito e reeleito deputado estadual pelo Rio de Janeiro.)

Outra presença constante nas páginas do *Pasquim* em meados dos anos 1970 foi José Lewgoy. Descendente de judeus e filho de uma americana e de um russo que se conheceram em Nova York, José Lewgoy nasceu em Veranópolis, no interior do Rio Grande do Sul, em novembro de 1920. Culto e bem preparado intelectualmente, ele aperfeiçoou seu talento artístico depois de uma temporada cursando Artes Cênicas na Universidade de Yale, com uma bolsa conseguida por indicação do escritor Érico Veríssimo. Lewgoy foi assíduo nas telas de cinema desde o final dos anos 1940, decisivo no sucesso das chanchadas – uma das maiores obsessões de Sérgio Augusto –, ao lado de um elenco com Oscarito, Grande Otelo, Cyl Farney e Anselmo Duarte. Também esteve no nascedouro do Cinema Novo – trabalhou com Glauber Rocha em *Terra em Transe* – e era um dos atores preferidos de Hugo Carvana.

No *Pasquim*, Lewgoy transitava por vários caminhos. Era ator de muitas das Pasquim-Novelas e assinava a coluna Psst, com comentários não apenas sobre cinema e teatro, mas também contemplando sua ampla gama de interesses: balé, literatura, novelas, futebol, arquitetura. Numa edição de 1976, ocupando duas páginas, José Lewgoy se prestou a vestir camiseta, bermuda folgada e sapatilhas para encarnar um professor em "O balé ao alcance de todos" e, antes disso, numa coluna de 1975, fez uma cobrança pública à cidade natal. "Chico Anysio vai virar praça em Fortaleza. Milton Moraes, rua na mesma cidade. Agora, Lima Duarte também será rua em São Paulo. Como é que é, Veranópolis? Sai ou não sai a minha estátua equestre?"

Diante de tantos ganhos, o *Pasquim* teve uma perda importante. Paulo Francis deixa o jornal em janeiro de 1976. Caso raro na história do jornal de um colaborador que saiu sem atritos, Paulo Francis decidira deixar o *Pasquim* por imposição da *Folha de S. Paulo*. Seu novo empregador exigia exclusividade de seu material jornalístico. Mostrando o clima de camaradagem que existia ao seu redor, Paulo Francis publicou seu último texto na edição 341, em que a capa é uma montagem dele feita por 13 caricaturistas e que a frase-lema é a mais curta de todas já apresentadas. Uma única palavra: "Ai!"

A notícia boa era que o Pasquim havia atravessado a tempestade das dívidas e das quedas nas vendas e chegava à calmaria dos novos tempos. Não era mais o transatlântico gigantesco e esbanjador dos primeiros meses. Era agora um barco menor, mais ágil, e com maior capacidade para seguir navegando. E como havia reensinado Ulysses Guimarães por aquela época – repetindo Fernando Pessoa e o lema da Escola de Sagres – "navegar é preciso, viver não é preciso". O *Pasquim* mais enxuto e equilibrado jamais chegaria novamente aos patamares dos 200 mil exemplares vendidos. Deveria se contentar com o equilíbrio de uma média de 60 mil. E as boas vendas, por consequência, atrairiam novos anunciantes e manteria os antigos. Para isso, bastava que o jornal não deixasse escapar o público leitor formado por intelectuais, artistas, acadêmicos e jornalistas. Ao agradar e dar voz a essas pessoas, o jornal denunciava o que ainda havia de discrepante na vida política brasileira e mostrava-se afinado com o que poderia vir no futuro, o período de redemocratização.

Como resultado dos constantes ataques às liberdades civis, o então único partido de oposição, o MDB, também soube abrigar e dar voz à massa descontente. A legenda já vislumbrava outra performance consagradora nas eleições municipais daquele ano e, principalmente, nas eleições estaduais de 1978, quando seriam eleitos dois senadores por estado. A imprensa também sintonizava-se com esses movimentos e ecoava o que recolhia nas ruas. Não a grande imprensa, historicamente mais lenta e conservadora, mas uma nova imprensa surgida sob a ditadura, com propostas editoriais mais ousadas e oxigenadas, como *Opinião*, *Movimento* e... *Pasquim*. Quase uma década depois de seu surgimento, o desaforado nanico da imprensa marginal voltaria a ter papel de destaque.

* * *

O ano de 1977 começou com dificuldades. Já em fevereiro, o vereador Glênio Peres, eleito três meses antes pelo MDB de Porto Alegre, é cassado com base no AI-5 por ter proferido o "Discurso na Terra do Silêncio", que denunciava a tortura e a falta de liberdade – mais tarde Glênio seria nomeado correspondente do *Pasquim* na capital gaúcha. Em abril é a vez do Pacote enviado pelo governo, que fecha o Congresso e cria a estranha figura do senador biônico. Temendo levar nas urnas surra parecida com a que levara quatro anos antes, o governo resolveu se adiantar e garantir pelo menos a metade dos novos eleitos. Pela decisão, o senador biônico – título jocoso criado em referência à série televisiva *O Homem de Seis Milhões de Dólares*, em que um astronauta dado como quase morto é todo reconstruído em laboratório – seria eleito indiretamente por um colégio eleitoral em que o partido governista, a Arena, tinha maioria em quase todos os estados. A mão pesada do regime militar ainda cassaria em junho mais dois deputados do MDB: Marcos Tito e Alencar Furtado, então líder do partido na Câmara.

O *Pasquim* comemorou oito anos de vida com uma entrevista com Jânio Quadros. Último presidente brasileiro a ser eleito de maneira direta até então, Jânio, na época com 60 anos, recebeu Jaguar, Ziraldo, Iza Freazza e Ricky no escritório de sua ampla casa ("quatro salas, varanda, jardim, piscina e sabe-se lá quantos cômodos", na descrição de Jaguar) para falar sobre as "forças terríveis" que o levaram a renunciar à Presidência. Pelas 13 páginas seguintes, 12 para ele e uma para sua mulher, Eloá, Jânio falou sobre tudo que lhe foi perguntado. Numa das mais longas entrevistas da história do *Pasquim* – com direito a intervalo para almoço com picadinho, purê de batata, arroz, feijão, vagem e vinhos chilenos –, Jânio lembrou a infância em Campo Grande, os tempos de colégio interno, a faculdade de Direito e o casamento com Eloá. Falou ainda de seus contemporâneos na política, entre correligionários e adversários, como Juscelino Kubitschek, Carlos Lacerda, Ademar de Barros, João Goulart ("Todos estão indo e eu ficando. Já estou até sentindo saudades do Ademar") e profetizou equivocadamente: "Quero saber quem ganha uma eleição de mim em São Paulo se eu me candidatar!". Cinco anos depois da entrevista, Jânio de fato se candidatou ao governo paulista pelo PTB, mas ficou em terceiro lugar, atrás de Franco Montoro (o vencedor) e de Reynaldo de Barros, sobrinho de seu tradicional rival político.

Quase que logo depois de Jânio, em agosto, outro personagem muito importante da política pré-64 e que voltava à ativa foi entrevistado pelo *Pasquim*. Darcy Ribeiro, antropólogo, ex-chefe da Casa Civil de João Goulart, abria a entrevista com seu peculiar exagero dizendo que "o povo, em sua imensa sabedoria, deveria me aclamar imperador". "Amazonas verbal", como o classificou Jaguar, Darcy falou por quatro horas – em oito páginas – a Antonio Callado, Edilson Martins, Felix de Athayde, Jeferson Ribeiro, além do próprio Jaguar. Darcy, assim como Jânio, seria personagem importante nas eleições de 1982. Porém, ao contrário do ex-presidente, o antropólogo teria mais sorte: seria eleito vice-governador do Rio na chapa de Leonel Brizola.

Enquanto a política brasileira fervia, as páginas do *Pasquim* também viviam dias frenéticos. No número 420, o entrevistado é o jornalista Alberto Dines, principal figura da ascensão do *Jornal do Brasil* na década anterior e, à época, no comando da sucursal carioca da *Folha de S. Paulo*. Dines faria um apanhado, uma análise geral, resumindo os anos que havia vivido dentro das redações. Insatisfeito com o que leu, o também jornalista Carlos Leonam rebateu a entrevista de Dines na edição seguinte. Dines não aceitou as críticas e enviou sua réplica para a edição 422, aproveitando a ocasião para também criticar Sérgio Augusto, colunista da casa. No meio disso tudo, as discussões ajudavam a melhorar a performance e o alcance do *Pasquim*.

Maior repercussão teria ainda a entrevista do cineasta Cacá Diegues, publicada na edição de setembro. Em seu depoimento, Cacá cunharia uma expressão que entraria para os dicionários e que se mantém atual até os dias de hoje: "patrulha ideológica". Cacá se referia a grupos de esquerda que se alimentavam da vigilância do comportamento político de quem eles consideravam obrigados a se manifestar, mesmo contra sua própria verdade. E mais: a manifestação deveria estar afinada com o ideário proposto por esses "patrulheiros" – caso contrário não teria validade.

"Patrulheiro" de primeira hora, Henfil responderia a Cacá Diegues quando foi entrevistado pela *Playboy*, em 1979. "Eu olho em volta e penso: será que ele está falando do Dops? Do SNI? Das prisões? Da Lei de Segurança? Da Lei Falcão?". Reconhecendo que o cineasta fazia parte de um fenômeno social e que representava muita gente – ao contrário de Glauber Rocha, na sua opinião "um oportunista desvairado, um louco em proveito próprio" –, Henfil, além de rebater Cacá, aproveitou a situação para descontar também em Caetano Veloso e em Gilberto Gil. "Aposto que Caetano e Gil jamais protestariam se os discos deles estivessem vendendo como os do Chico Buarque". Henfil chegou até a cunhar a expressão "Patrulha Odara" em referência à canção de Caetano, que tinha como título esse vocábulo iorubá que significa "estar bem, relaxado, feliz".

* * *

Henfil era o anti-Pasquim, como ele mesmo se autodefiniu em uma entrevista à *Playboy* em maio de 1979. Nunca morou em Ipanema, não bebia, não ia a bares e não conseguia "frequentar os lugares onde as pessoas vão para se exibir, vão em função do folclore", disse na mesma entrevista. E acrescentou: "Então não me identificava com esses caras". Além de Tarso de Castro, por quem sempre nutriu uma desconfiança com a maneira como ele administrava o dinheiro do jornal, Henfil também não tinha grandes simpatias por Paulo Francis. Na entrevista à *Playboy*, Henfil se refere a Paulo Francis como alguém "cujo nome eu nem gosto de citar, mas que qualquer pessoa identificará, cujo maior prazer era jogar na cara do leitor que isto aqui é uma África, que a metrópole é outra coisa, que nós somos tupiniquins. Agora, felizmente, ele está morando na matriz...". Nem era preciso identificar.

Quase fundador (entrou na edição de número 2), Henfil, ou melhor, Henrique de Souza Filho, mineiro de Ribeirão das Neves, de fevereiro de 1944, foi criado em Belo Horizonte e sempre gostou de desenhar. O *hobby* virou profissão em 1964, quando foi convidado por Roberto Drummond para publicar seus desenhos na revista *Alterosa*. Integrante de uma vasta e talentosa geração de jornalistas mineiros – Fernando Gabeira, Murilo

Felisberto, Fernando Mitre, Geraldo Mayrink, Antonio Beluco, Adauto Novaes... –, Henfil trabalharia na redação do *Diário de Minas*, um dos muitos diários da capital mineira, e em 1967 já estaria fora do estado, como vários daqueles colegas que foram buscar novos ares em jornais de São Paulo e do Rio.

No *Jornal dos Sports*, no Rio de Janeiro, Henfil se destacaria na criação de charges esportivas – é dele o urubu do Flamengo, por exemplo –, além de publicar desenhos e quadrinhos em revistas, como *Realidade*, *Visão* e *O Cruzeiro*. No *Pasquim*, Henfil atingiria sua melhor fase a partir de 1972, quando lançou a revista *Fradim* pela editora Codecri, que tornou seus personagens conhecidos. Além dos fradinhos Cumprido e Baixim, a revista reuniu a Graúna, o Bode Orelana, o nordestino Zeferino e, mais tarde, Ubaldo, o paranoico, talvez o mais cristalino símbolo daqueles tempos em que era perigoso agir, falar e até pensar.

Quando deixou o *Pasquim* rumo aos Estados Unidos, Henfil tinha pelo menos dois objetivos em mente. Um era buscar tratamento para a hemofilia, distúrbio que impede a coagulação do sangue, fazendo com que a pessoa seja mais suscetível a hemorragias. Outro era tentar emplacar seus personagens em jornais e revistas americanas. Henfil voltaria dois anos depois duplamente frustrado.

* * *

A polêmica envolvendo jornalistas do *Pasquim* e cineastas brasileiros era antiga. Mas houve também casos de discussão envolvendo cineastas contra cineastas. Luiz Sérgio Person, diretor paulista autor de *São Paulo S.A.*, *O Caso dos Irmãos Naves* e da comédia erótica *Cassy Jones*, foi o entrevistado da edição 205, de junho de 1973. Person partiu na defensiva – "O mundo está contra mim. Depois estão vocês...", disse, referindo-se aos entrevistadores para logo emendar uma série de ataques, tais como "não tem um cineasta no Brasil, mesmo o Nelson Pereira dos Santos...", ou "o melhor cineasta nacional é José Celso Martinez, que não fez um filme", ou, ainda, "Cacá Diegues e Jabor justificam seus filmes como os uruguaios justificaram comer cadáver" (numa agressiva e maldosa referência aos sobreviventes do voo da Força Aérea Uruguaia, que transportava 45 pessoas e caiu na Cordilheira dos Andes em outubro do ano anterior. Mais de um quarto dos passageiros morreu no acidente. Os sobreviventes, diante da fome e de notícias reportadas via rádio de que a busca havia sido abandonada, alimentaram-se da carne dos passageiros mortos). A polêmica renderia ainda uma réplica escrita por Sérgio Augusto – que não participou da entrevista, mas foi muito citado pelo cineasta –, uma tréplica em carta aberta escrita por Person e seria encerrada com o "Bilhete a um cineasta", nota escrita como Dica na edição 213. Na virulenta entrevista, quem Person poupou? Apenas dois cineastas: Rogério Sganzerla e José Mojica Marins, o Zé do Caixão. Dessa vez, os críticos do *Pasquim* nem precisaram fazer força para falar mal do cinema nacional, como acontecia normalmente. Person havia sido muito mais destrutivo.

Cacá Diegues lembraria em seu livro de memórias que o Cinema Novo, depois da saída de Tarso de Castro da direção do jornal, nunca foi bem tratado pelo *Pasquim*. Era ridicularizado, enxovalhado e motivo de piadas. Rara exceção foram as duas páginas abertas a ele pelo *Pasquim* na edição 331, de novembro de 1975. Sob o título "Vatapá no ventilador" – não se sabe se por inspiração própria ou se por sugestão dos editores –, Glauber enviou de Paris um decálogo que resumiria seu pensamento político e cinematográfico de então. Já no primeiro tópico, apresentou-se como o radical do Cinema Novo e, por isso, vivia exilado de seu país desde 1971. No item 3, classificava-se como político, não cineasta, e que sua intenção ao aproximar-se do governo Geisel foi realizar um gesto de "desafio político" e responder aos críticos. "Interpretaram minha posição como ADESÃO. Primarismo. Quem pensa que sou um oportunista está EQUIVOCADO ou de MÁ-FÉ ou é BURRO". Glauber ainda ataca Ruy Guerra, Caetano Veloso e Gilberto Gil, e cobra um dinheiro devido de Gustavo Dahl, também cineasta e então diretor-superintendente de comercialização da Embrafilme. Por fim, lança uma candidatura provocativa e irrealizável em tempos de eleições indiretas: "Sou candidato à Presidência da República ou a governador da Bahia. Topo pelo MDB, mas duvido que o Amaral Peixoto (então líder do partido no Senado) tope". E resume sua plataforma política no encerramento: "Se vos dei beleza cinematográfica, posso vos dar beleza política".

A situação entre o *Pasquim* e os cineastas inclusive pioraria com a acusação nunca provada de que Glauber Rocha teria recebido milhares de dólares do então ministro da Educação, Ney Braga, para que falasse bem do governo Geisel. Glauber até mesmo falava. Mas, aparentemente, por convicção, jamais por suborno. Glauber considerava Geisel o grande fiador da abertura democrática – declarando que o general seria responsável pela façanha em razão de ser protestante – e dizia por todos os cantos que Golbery do Couto e Silva, chefe da Casa Civil, era "um gênio da raça".

A relação entre *Pasquim* e Glauber Rocha renderia polêmicas até mesmo depois do falecimento do cineasta. Em agosto de 1982, um ano depois da morte, Sérgio Augusto criticou o posicionamento do jornal com relação ao diretor de *Terra em Transe*. Já afastado do *Pasquim* e escrevendo para a *Folha de S. Paulo*, Sérgio Augusto viu no exagerado comportamento do hebdomadário uma "hipócrita tentação de canonizá-lo", como se o *Pasquim* demonstrasse remorso com relação ao comportamento de seus editores com Glauber pouco antes de sua morte.

Se Glauber tinha atritos com o pessoal do *Pasquim* por motivos políticos, Cacá Diegues envolveu-se em polêmicas, algumas mais sérias, outras mais prosaicas. Na primeira lista está a discussão entre ele e Sérgio Augusto por causa do filme *Joanna Francesa*. Em sua coluna na edição número 215, de agosto de 1973, Sérgio Augusto contou que, decepcionado com o resultado final, enviou ao cineasta um questionário por escrito que considerava "provocativo, mas sincero, na medida em que expressava dúvidas e implicâncias". Cacá não recebeu bem as perguntas, as quais classificou como "provocações amargas". Mais banal foi a polêmica que o envolveu quando ainda estava casado com Nara Leão – Cacá foi acusado de ser o responsável pelo afastamento da cantora dos palcos e das gravações. Nara havia se imposto esse recolhimento, mas jornalistas do *Pasquim*, como Millôr Fernandes, cobravam ao vivo e por escrito que Cacá deixasse a mulher voltar a cantar. Tarso de Castro foi ainda mais explícito: enviou à cantora um bilhete, acompanhado de um buquê de flores e uma garrafa de champanhe, parabenizando-a pela separação.

Nessa disputa em que jogadores do mesmo time e do time adversário não se reconheciam em campo, o jogo começaria a virar um pouco no feriado de 12 de outubro. Aproveitando uma Brasília esvaziada, Ernesto Geisel resolve peitar a afronta de seu ministro do Exército, que vinha quebrando a rígida hierarquia da caserna, tentando impor seu nome à sucessão presidencial. Geisel demitiu Sylvio Frota, deu um "chega pra lá" na linha dura e conseguiu garantir a continuidade de seu projeto político reforçando a candidatura de seu nome preferido, João Figueiredo.

O ano de 1978 começou com o *Pasquim* entrando de cabeça na cobertura política. Já em fevereiro, o ex-governador pernambucano Miguel Arraes é apresentado pelo jornal como "um exilado sem mágoa e sem rancor" numa entrevista feita em Lisboa durante uma viagem de Arraes, que morava na Argélia, para conversar com Leonel Brizola "sobre a situação da nossa terra".

No mês seguinte, a capa do *Pasquim* é dedicada a uma emergente liderança política: Lula. Apresentado como o líder metalúrgico, Lula foi à redação do *Pasquim* para conceder a entrevista. Acompanhado de Expedito, então seu advogado, e vestindo uma camiseta com João Ferrador ("Hoje eu não tô bom"), desenho de Laerte que simbolizava os metalúrgicos, Lula pediu uísque – já que não tinha 51 – e falou diante de Ziraldo, Felix de Athayde, Ricky, Chico Jr. e alguns outros sem "se intimidar com o número de pessoas que sua presença atraiu", como contou Jaguar no texto de abertura. Ao longo das seis páginas da entrevista, Lula falaria muito mais sobre as questões sindicais do que sobre o panorama político brasileiro. No final, faria o prognóstico mais distante da realidade entre os entrevistados do *Pasquim*. Ao ser perguntado por Ziraldo o que faria quando acabasse sua gestão no sindicato, Lula respondeu: "Volto para a Villares. A única coisa que aprendi na vida foi ser torneiro-mecânico". Felix acrescentou: "E fazer carreira política?". Lula finalizou: "Não, tá cheio de dirigentes sindicais derrotados nas eleições".

Na mesma edição, em duas páginas, Henfil assinava o texto "Brizola me contou", falando sobre sua conversa com o ex-governador gaúcho em Nova York. Desse primeiro encontro entre os dois, o cartunista ficou impressionado com o olhar afiado de Brizola para a política e também com o fato dele se dirigir a ele como "Hanfil". Brizola lhe disse: "Hanfil, eu estou voltando ao Brasil e se me for permitido eu quero trabalhar exatamente com essa nova oposição". A declaração deixou o entrevistador emocionado por ouvir isso da boca do "último grande símbolo vivo de 64", depois das mortes de Juscelino, João Goulart e Carlos Lacerda.

Com a Copa da Argentina se aproximando, prevista para junho, o Pasquim voltaria a fazer sua cobertura do Mundial com um convidado especial. Paulo Cesar Caju, convocado para as seleções de 1970 e 1974, havia ficado fora da lista do técnico Cláudio Coutinho. E já no primeiro parágrafo de sua crônica de estreia, dois meses antes da primeira partida do Brasil, ele deixava transparecer sua mágoa. "Estou muito chateado com os critérios que são usados dentro da CBD (Confederação Brasileira de Desportos, antecessora da CBF) em relação às convocações para a seleção brasileira." Voltaria ao tema em outra crônica dizendo que para a seleção "era preciso um ponta-esquerda com rara habilidade para aumentar o poder ofensivo do nosso ataque". E concluía: "Mesmo fora da lista, espero que seu Cláudio Coutinho traga a Copa do Mundo para o Brasil".

Voltando à política, a reportagem de capa da primeira edição de maio de 1978 do *Pasquim* trataria da eleição indireta daqueles que seriam os últimos governadores indicados pela ditadura. Com texto de Chico Jr., o *Pasquim* traçava irônicos perfis dos escolhidos, nomes como Antônio Carlos Magalhães (na Bahia), Marco Maciel (em Pernambuco), Ney Braga (no Paraná), Amaral de Souza (no Rio Grande do Sul) e Jorge Bornhausen (em Santa Catarina). Admitindo que até o fechamento da edição nem todos os nomes haviam sido escolhidos, o *Pasquim* cometeu um erro logo no primeiro dos governadores perfilados: achou que daria Laudo Natel em São Paulo, e o escolhido foi Paulo Maluf.

Antes disso, em março, três anos depois do início de sua militância pela anistia, Therezinha Zerbini ganharia um aliado tão poderoso quanto improvável. Durante a visita a Brasília do então presidente dos Estados Unidos, Jimmy Carter, Therezinha conseguiu driblar a segurança e fez chegar às mãos da primeira-dama, Rosalynn, uma carta em nome das mulheres brasileiras do movimento pela anistia. O documento não fazia referências diretas ao governo militar, mas já na primeira frase deixava claro seus objetivos: "Nós, que lutamos por justiça e paz..."

Dessa forma, a vinda do "primeiro-casal" norte-americano ao Brasil, já nos estertores do governo Geisel, causou irritação ao penúltimo presidente do regime militar pela sua intromissão em assuntos que ele considerava de consumo interno. Geisel enfrentara a linha dura da ditadura, afastara generais rebeldes, acreditava estar devolvendo ao Brasil o período democrático – de maneira lenta e gradual, como idealizara – e estava convicto de que seu projeto seria levado adiante pelo seu sucessor já escolhido, o general João Baptista Figueiredo. Não ia ser uma primeira-dama enxerida que iria dizer como ele deveria se comportar. "As conversas [*com o casal Carter*] nem sempre foram agradáveis, embora fossem conduzidas com serenidade e com um certo respeito. Com a dona Rosalynn era mais difícil, porque ela trazia um caderninho com suas anotações (...). Uma vez eu disse a ela: 'a senhora está abordando um problema baseado apenas em suposições'", recordaria o general em seu livro de memórias.

Ainda assim, antes mesmo da concretização, o *Pasquim* iria comemorar a anistia dedicando-lhe a capa da edição 473, de julho de 1978, com a manchete "Saiu a Anistia", acompanhada de um asterisco. No pé da página, a explicação "pelo menos o cartaz da..." Tratava-se de um concurso promovido pelo jornal para premiar as melhores peças gráficas que tivessem a Anistia como tema. Eram quatro categorias – Estudante, Universitária, Aberta e Profissional – que seriam avaliadas por um júri composto por Mário Pedrosa, Flávio de Aquino, Jacob Klintowitz, Jaguar, Márcio Bueno, Pedro Galvão, Zuenir Ventura, Ferdy Carneiro, Ana Letícia, Iramaia Queiroz Benjamin e Nina Pereira Nunes. As duas últimas eram as únicas não ligadas ao design ou às artes gráficas. A primeira representava o Comitê Brasileiro pela Anistia, e a outra, o Movimento Feminino pela Anistia. O escolhido como grande vencedor foi um trabalho de Brasília, do designer Cláudio Maya Monteiro, com o desenho de uma pomba fora de uma gaiola.

Pouco tempo depois, o *Pasquim* voltaria a testar a força (e a tolerância) da censura com a publicação de uma edição especial com suas grandes entrevistas políticas. No total, são onze depoimentos distribuídos por cem páginas, com espaços generosos para as opiniões de muitos que estavam na linha de frente no combate à ditadura, como o já falecido Juscelino Kubitschek, além de Teotônio Vilela, Sobral Pinto, Paulo Brossard, Severo Gomes e D. Paulo Evaristo Arns. Antes que 1978 acabasse, em dezembro, o *Pasquim*, estimulado pela boa performance da primeira edição, lança mais uma antologia das suas entrevistas políticas. No volume dois, um pouco menor, com 74 páginas, foram contemplados os depoimentos de Ulysses Guimarães, Barbosa Lima Sobrinho, Seixas Dória, Miguel Arraes, Lula, Lysaneas Maciel, entre outros.

No Congresso Nacional, o MDB ainda ensaiou, sem muita força, a tentativa de uma nova anticandidatura, dessa vez encabeçada pelo general da reserva Euler Bentes Monteiro, com o senador gaúcho Paulo Brossard como candidato a vice. Ainda assim, Figueiredo foi o escolhido em outubro de 1978 para concluir o que seria o último mandato de um general indicado pela ditadura. Figueiredo também foi premiado com um mandato estendido de seis anos. Pelo menos essa etapa do processo de redemocratização no Brasil estava sendo cumprida. E logo as campanhas, as mobilizações populares, as pressões externas e internas dariam certo e já nos primeiros meses do novo governo, empossado em março de 1979, a Lei da Anistia

Sig e a pomba: um *Pasquim* engajado na luta pela Anistia

(denominação popular dada à lei nº 6.683) seria promulgada por Figueiredo em 28 de agosto de 1979.

Não era a lei ideal, ampla, geral e irrestrita, como preconizavam os gritos emitidos nas ruas. Era a lei possível, dentro de um acordo que garantisse maiores liberdades democráticas e o retorno dos exilados sem que se entrasse num clima de revanchismo. Aparentemente, o principal estava garantido: o retorno dos exilados ao Brasil. Ao som de *O Bêbado e a Equilibrista*, grande sucesso da dupla João Bosco e Aldir Blanc na voz de Elis Regina, o país era tomado por um clima de euforia. A canção que falava "na volta do irmão do Henfil..." transformara-se no "Hino da Anistia" e acolhia todos que retornavam.

O primeiro desembarque ocorreu apenas três dias depois da promulgação da lei, com a chegada ao então Aeroporto Internacional do Galeão, no Rio, de Dulce Maia, a primeira pessoa banida do país. No dia seguinte seria a vez de Fernando Gabeira, também pelo Galeão. Uma semana depois, Leonel Brizola viajaria de Foz do Iguaçu a São Borja para voltar ao Brasil pelo seu estado, o Rio Grande do Sul. Brizola também aproveitaria a chegada para visitar os túmulos de Getúlio Vargas e João Goulart. Uma semana depois chegariam Miguel Arraes, ex-governador cassado de Pernambuco, e o ex-deputado federal Márcio Moreira Alves. No dia seguinte seria a vez de Herbert de Souza, o Betinho, sociólogo, e já famoso "irmão do Henfil". E, por fim, no mês seguinte, voltariam ao Brasil o ex-líder estudantil Vladimir Palmeira, o líder comunista Luís Carlos Prestes e o dirigente das Ligas Camponesas, Francisco Julião. Todos se integrariam à vida nacional, retomando suas atividades políticas, militando nos novos partidos que começavam a surgir com a implantação do pluripartidarismo e divulgando suas ideias e opiniões nas páginas do *Pasquim*.

O maior símbolo dessa fase do *Pasquim* seria Fernando Gabeira. Mineiro de Juiz de Fora, onde nasceu em fevereiro de 1941, Fernando Paulo Nagle Gabeira era a confluência de muitos caminhos. Por um lado tinha uma militância política engajada, um passado vinculado à resistência e à luta armada, e trazia no corpo e na alma as marcas das torturas e do exílio. Gabeira, como Brizola, Arraes, Prestes e Betinho, havia sofrido a dor de quem fora obrigado a deixar o país apenas por pensar diferente daqueles que estavam no poder. Por outro lado, Gabeira, assim como tantos que continuaram pelas redações, também tinha uma militância jornalística, tendo participado ativamente de projetos da imprensa tradicional (foi chefe do Departamento de Pesquisa do *Jornal do Brasil*) e alternativos (esteve no nascedouro do *Panfleto*). Com grande certeza, Gabeira, se não tivesse sido exilado, teria participado do lançamento do *Pasquim*, já que era de Ipanema – onde dividira um apartamento com Paulo Cesar Pereio, ocupando o lugar que era de Tarso de Castro – e íntimo de todos da primeira turma.

Porém, sua proximidade com o *Pasquim* só se daria quase uma década depois. Em 1978, na edição de número 490, o jornal, numa ousada capa com a manchete "É ferro na Arena", convocava os leitores: "O Brasil inteiro tem que ler: entrevista com Fernando Gabeira". Na edição, o jornalista publicaria um artigo e daria uma entrevista, ambos com enorme repercussão, tanto que seriam reunidos no livro *Carta sobre a Anistia/Entrevista do Pasquim/Conversação sobre 1968*. No primeiro texto, Gabeira fazia uma análise ampla e detalhista do que havia sido o movimento estudantil no final da década anterior. Já a entrevista seria completa, ousada e reveladora, ainda que quase tenha surgido como obra do acaso, como recordaria Ziraldo. O desenhista lembraria que, ao lado de Milton Temer e de outras três pessoas, passeava pela Avenida Champs Elysées, em Paris, quando foi surpreendido por um acontecimento inusitado. "Parece que foi uma coisa programada, o tempo exato de parar o carro, a subida de cada degrau do estacionamento subterrâneo, a espera do sinal luminoso, os passos certos da travessia da avenida, tudo calculado para que, fazendo um outro calculado trajeto, a gente pudesse, subitamente, dar de cara um com o outro. E eu dei de cara com o Fernando Gabeira", recordaria Ziraldo. "Meu corajoso amigo Gabeira, seu sorriso de santo, seus lisos cabelos caídos na testa – todos pretos ainda –, seus "oclinhos", seu jeito calmo, seu abraço enorme, emocionado, interminável", diria Ziraldo no texto que abriria a entrevista. Para realizar o encontro, Ziraldo pediu emprestado a casa de Milton Temer, organizou uma mesa de queijos e vinhos e convidou para participar da conversa amigos que também se encontravam por Paris na época e se identificavam com Gabeira: Darcy Ribeiro, o jornalista José Maria Rabelo (da Livraria Brasileira em Paris), o também jornalista Geraldo Mayrink, da *Veja*, e, obviamente, o anfitrião, que ainda foi responsável pelas fotos publicadas. Todos, com exceção do carioca Temer, eram mineiros, e participaram, na definição de Ziraldo, da mais emocionante entrevista feita pelo *Pasquim*.

Publicada em novembro de 1978, a entrevista com Gabeira ocorreu justamente no hiato entre o dia 13 de outubro, quando foi promulgada a emenda constitucional que revogava todos os atos institucionais e complementares que fossem contrários à Constituição, e 1º de janeiro de 1979, quando a emenda entrou em vigor como parte da abertura política iniciada em 1974. No mesmo período, na edição 493, o *Pasquim* chegava às bancas com uma tarja preta na capa e com a frase "Triste como certos aniversários", fazendo clara referência aos 10 anos do AI-5. A frase do número seguinte continuaria brincando com o perigo, "Alegre como um peru de Natal", e sendo ainda mais explícito na edição 496: "Enterrando o AI-5 e de olhos nas salvaguardas".

Na entrevista, já no clima de esperança que tomava conta do Brasil, Gabeira anunciava sua intenção de voltar em breve a morar no país. Antes, concluiria um curso em Antropologia pela Universidade de Estocolmo. Sua chegada, dez meses depois do que havia prometido na entrevista, ganharia uma dimensão ainda maior com o sucesso de *O Que É Isso, Companheiro?*, publicado pouco antes pela editora Codecri.

O livro era a melhor tradução de como se resumia a vida brasileira naquele período, alternando fatos de um passado sombrio com a euforia do presente e as boas perspectivas para o futuro. Em *O Que É Isso, Companheiro?*, Gabeira retomava os episódios de dez anos antes, quando foi um ativo participante do sequestro do embaixador norte-americano Charles Elbrick, às vésperas do 7 de setembro de 1969. Foi um dos acontecimentos de maior repercussão e de maior audácia na afronta ao regime militar, conseguindo pressionar o governo a libertar 15 presos políticos ligados a diversas organizações clandestinas. A ação, num primeiro momento, foi um sucesso, fazendo com que os militares atendessem os pedidos dos guerrilheiros. Porém, logo depois o jogo viraria e os participantes do sequestro acabariam sendo presos. O resultado imediato foi que dois dos militantes morreram sob tortura e todos os outros foram obrigados a deixar o país.

Em *O Que É Isso, Companheiro?*, Gabeira narrava o sequestro, avaliava a validade da luta armada e refletia sobre o marxismo e os rumos que as esquerdas, do Brasil e do mundo, deveriam adotar pelos próximos anos. Um dos caminhos preconizados por Gabeira já incluía a ecologia como bandeira política. O livro foi um sucesso imediato e avassalador. Teve mais de dez edições, vendas superiores a 250 mil exemplares, foi traduzido para o espanhol, francês, italiano e alemão, venceu o Prêmio Jabuti de Literatura na categoria biografia daquele ano e, em 1997, seria adaptado para o cinema por Bruno Barreto.

Com Gabeira, o *Pasquim*, na avaliação posterior de Luiz Carlos Maciel, retomava o espírito anárquico e desbundado que era defendido por ele e por Tarso de Castro nos primeiros anos da publicação – e que acabou sendo banido do jornal. Ziraldo também comemorava a nova fase – sentia a recuperação de seu protagonismo jornalístico ao tornar-se porta-voz dos que voltavam e tinham tanto a colaborar e a dizer sobre a vida política do país. "Quando Gregório Bezerra chegou ao aeroporto, os amigos perguntaram: Aonde você quer ir? Quer subir no Pão de Açúcar para ver o Rio de Janeiro, para matar a saudade do Brasil? Quer ir para o hotel? E Gregório disse: 'Quero ir para a redação do *Pasquim*'. Foi e deu uma entrevista extraordinária", lembraria Ziraldo anos depois em uma entrevista ao jornal *Correio Braziliense*. Na mesma onda levantada pela anistia, o *Pasquim* ainda se destacaria por também ajudar a revelar novos personagens que tanta força ganhariam pelos anos seguintes, como um líder dos trabalhadores que, como dito anteriormente, vinha se destacando em São Paulo no comando do Sindicato dos Metalúrgicos: Lula.

Lula, até então, para os leitores do *Pasquim*, era o ponta-esquerda que havia jogado no Internacional e no Fluminense e, por causa dessa identificação, foi algumas vezes citado nos textos do tricolor Chico Buarque. A primeira vez que Lula, o Luiz Inácio, apareceu no jornal foi numa coluna de Sérgio Augusto, na edição 441, de 1977. No texto, o colunista se referia à emergente estrela sindical como "o articulado líder dos metalúrgicos". No ano seguinte, Sérgio Augusto novamente citaria Lula, desta vez *en passant*, ao falar de uma reportagem sobre mulheres metalúrgicas feita pela revista *Veja*. No mesmo ano, Henfil, numa Dica, cobraria das emissoras de TV Tupi e Globo a cobertura do encontro que reuniu Lula e o senador governista Petrônio Portela.

A boa fase de Gabeira e o *Pasquim* sofreria seu primeiro desgaste já nos primeiros meses. No verão de 1980, Gabeira teria sua foto estampada em dezenas de publicações. O ex-guerrilheiro e jornalista combativo transformava-se no homem da tanga de crochê, artefato que havia pegado da prima, a também jornalista Leda Nagle, para ir à praia. O gesto seria o símbolo do novo Gabeira – e também de uma nova espécie de militante político que surgia. Um militante que se negava a se vincular a qualquer partido, fosse ele o combativo PMDB da resistência à ditadura, ou o PDT do renascido trabalhismo de Leonel Brizola, ou ainda o antigo PCB, o velho Partidão, ainda na ilegalidade, ou até mesmo o jovem PT, reunindo metalúrgicos, acadêmicos e intelectuais e que já começava a fascinar parte da esquerda. As bandeiras de Gabeira eram outras. Além da já citada defesa da ecologia, era preciso valorizar a "política do corpo", a sexualidade, a liberação das drogas e os direitos das minorias. Estas e outras ideias revolucionárias para a época seriam aprofundadas nos seus livros seguintes, *O Crepúsculo do Macho*, de 1980, e *Entradas e Bandeiras*, de 1981, publicados pela Codecri.

O rompimento entre Gabeira e a turma do *Pasquim* ficaria mais acentuado a partir do início de 1981, quando Ziraldo, em entrevista à *Veja*, passa a criticar o comportamento do jornalista. A reportagem era um extenso perfil de Gabeira, inclusive com foto dele na capa daquela edição, em que em meio a tantos elogios de tantas pessoas levantava-se a voz de Ziraldo para classificá-lo como "um individualista, capaz de ir até a morte para realizar o desejo de se destacar dos seus semelhantes". Gabeira justificaria anos mais tarde, em entrevista a Geneton Moraes Neto, no livro *Dossiê Gabeira: O filme que nunca foi feito*, que, de fato, o cartunista exagerara na crítica e que o motivo da briga entre os dois era por uma razão bem mais prosaica: Gabeira queria que a contracapa de *O Que É Isso, Companheiro?* trouxesse uma foto sua feita na Suécia em que aparecia de macacão e sem camisa. Ziraldo vetou argumentando que homem não usava macacão sem camisa. A foto não saiu e só anos depois os dois fizeram as pazes.

A partir de Gabeira, o *Pasquim* entraria em definitivo em sintonia com os exilados. O líder das Ligas Camponesas, Francisco Julião, foi entrevistado ainda no exílio mexicano e seu depoimento alimentou duas edições (as de números 497 e 498, de janeiro de 1979). Depois viriam o comunista Gregório Bezerra (no número 500, mesma edição em que Sérgio Cabral trazia sua versão para "a gripe"), Márcio Moreira Alves (no 503), entrevistado em Lisboa, e o líder estudantil Vladimir Palmeira (no 508), em Paris. O engajamento na luta pela anistia ficaria ainda mais escancarado na edição de Carnaval, em fevereiro de 1979, com o *Pasquim* propondo "um abre-alas amplo, geral e irrestrito". Era o último mês do governo Geisel.

O ano de 1979 se arrastaria com o *Pasquim* forçando cada vez mais o seu perfil político. De diferente e original, apenas a edição de final de junho, que marcava o décimo aniversário do jornal. No editorial da página 3, Jaguar saudava a reunião de velhos companheiros do início da jornada, lamentando apenas a ausência de última hora de Sérgio Cabral.

Estavam nas páginas Luiz Carlos Maciel, Martha Alencar, Millôr Fernandes, Claudius, Ziraldo, Ivan Lessa, Fortuna, o próprio Jaguar, além de Dona Nelma e Haroldo Zager, que tinha 16 anos e era *office-boy* na inauguração e agora ocupava o cargo de diretor de arte. Na fotonovela, um ator da Rede Globo: Ney Latorraca.

Escrita por Ivan Lessa e protagonizada por Latorraca, a novela era intitulada *Dez anos de um jornal que não vai pegar nem ficar*. Em 11 quadrinhos, Latorraca, ao lado da mulher, interpretada pela atriz Betina Viany, encarna um personagem que comenta de maneira ácida cada uma das capas mais importantes da década. Já na primeira, o personagem faz um comentário muito próximo ao vaticínio de Millôr Fernandes: "Mais uma tentativa fadada ao insucesso de meia dúzia de humoristas e intelectuais frustrados. Não vai pegar. No ano seguinte, na mesma linha – "Típica alienação ipanemense e bairrista de pequena burguesia. O povo não engolirá este embuste" –, e por aí vai com comentários jocosos ("Limitam-se agora a faturar em cima de vozes aparentemente democráticas. Oportunismo posando de quixotismo"), até concluir em cima da edição do décimo aniversário com o mesmo pessimismo inicial: "Respeitam as regras do jogo da Abertura! São a melhor propaganda para o Brasil de Figueiredo. Não vai pegar!"

Provando que havia pego, estava lá nas páginas: "O jornal explodiu a língua brasileira, ajudou a livrá-la das teias de aranha dos filólogos, dos sarcófagos, dos gramáticos, do formalismo ridículo do 'fi-lo porque qui-lo'", escreveu Paulo Francis na edição do décimo aniversário.

Afastada desde 1971 da redação, Martha Alencar voltava ao jornal para lembrar sua primeira vez com o *Pasquim*. Com o texto "No Pasquim lugar de mulher é na cozinha" – um trocadilho com a expressão que classifica a parte de edição como a "cozinha" de um jornal –, Martha contava como foi convidada por Tarso de Castro, ainda época em que amamentava o primeiro filho, a integrar a equipe "com aquele bando de machos todos empolgados com o sucesso, falantes, brilhantes e individualistas".

O *Pasquim* era machista? Era, embora bem menos se comparado com os padrões atuais. Da mesma forma e sob a mesma comparação, o *Pasquim*, ao longo de suas duas décadas de trajetória, mostrou-se racista, misógino e homofóbico. Sempre com homens no comando e durante toda sua existência com uma supremacia masculina quase que na totalidade na redação – Martha Alencar foi uma rara exceção, bem como Nelma

Quadros na retaguarda por tantos anos –, o *Pasquim* era também um reflexo daqueles tempos. Era ainda um paradoxo de ser um jornal avançado em matéria de política e ideologia, mas atrasado no aspecto comportamental. Ainda assim, não estava distante da sociedade brasileira, nem mesmo da classe média relativamente próspera e bem informada com quem se comunicava, primeiro na zona sul do Rio de Janeiro e depois em todo o território brasileiro.

Em "A mulher segundo Vinicius", texto publicado em duas partes no *Pasquim*, o poeta começava lembrando uma frase que Tarso de Castro costumava repetir – "se inventaram coisa melhor ele não quer nem saber" –, e concluía que "a mulher é realmente, a longo prazo, o ser mais forte" e que a explicação seria o fato de a mulher dispor "da mais poderosa das armas, milhões de vezes mais poderosa que qualquer arma nuclear: o sexo".

A entrevista com Betty Friedan foi um marco. Ativista americana, Betty, na época com 51 anos, já era uma respeitada figura de destaque no movimento feminista nos Estados Unidos, e havia alcançado grande notoriedade a partir de 1963, quando publicou o livro *The Feminine Mystique* (publicado no Brasil como *A mística feminina*). Três anos depois, ela fundou a Organização Nacional para as Mulheres (NOW, na sigla em inglês) e em cima de todo esse prestígio Betty chegava ao Brasil atendendo a um convite de Rose Marie Muraro, também escritora e líder feminista, que anos depois relembraria: "Em 1972, trouxe Betty Friedan e com ela enfrentei um batalhão de jornalistas do *Pasquim*, cujo repúdio ao feminismo foi escancarado numa entrevista que entrou para a história do preconceito da esquerda contra a emancipação da mulher".

Já na primeira pergunta, Paulo Francis entrava rachando: "Você veio para subverter a secular submissão da mulher brasileira ao homem?". Betty não se abalou e se saiu bem. "Hum... não exatamente. Só as mulheres brasileiras podem fazer isso." Logo depois, Millôr eleva o tom: "Essa não é uma maneira democrática de pensar. Isso quer dizer que se as mulheres estivessem em pé de igualdade com o homem não haveria humor". Betty entende a provocação e encara. "Eu só não quero é que o movimento de libertação das mulheres seja encarado como uma piada." A entrevista descambaria de vez quando, numa outra pergunta de Paulo Francis, Betty finalizou a resposta lembrando que a imagem de mulheres queimando sutiãs nunca existiu, que foi tudo uma invenção da imprensa. Millôr rebateu e disse que ela mentia, que ele inclusive havia visto fotos. Nesse momento, Betty começa a dar pontapés embaixo da mesa e a gritar "Fuck you! Fuck you". Millôr acaba a discussão dizendo que polidamente iria se conter e lembrando que ela era uma senhora.

Piada com gays (ou bichas, ou viados, para ficar no vocabulário do jornal) eram recorrentes. Incomuns eram as edições que não traziam pelo menos uma meia dúzia de referências jocosas aos homossexuais. As anedotas valiam para o público externo, como "bichas" e "viados" servindo como ofensas às figuras públicas que a turma do *Pasquim* desprezava, e também para o público interno, como a "bicha do *Pasquim*", e as piadas internas entre o pessoal da patota. Além de masculina, a redação também era branca. Assim, negros (ou negão, crioulo, lembrando as expressões cunhadas pelo jornal) também eram frequentemente usados como motivo de chacota. E, com as mulheres, o humor e o tratamento "objetificante" era o mais natural e repetido. No jornal, as mulheres estavam em todas. Nas piadas, nas referências irônicas e debochadas e, principalmente, nas imagens. As capas eram muitas delas com mulheres, porém raramente como tema sério ou exaltando a capacidade intelectual e argumentativa. Elas estavam lá para embelezar, chamar a atenção; não por acaso eram apresentadas em poses sexys e em trajes sumários.

Martha Alencar viveu esse machismo de perto. E não foi fácil, reconheceria ela, revelando que muitas vezes era "preciso cuspir no chão e falar grosso para ser ouvida". Martha Alencar sabia levar com classe. Já no número 5, escreveu um texto ironizando como a imprensa até então via a atuação feminina nos jornais. Pouco depois, ela chegou até a escrever no *Pasquim* uma Dica de Mulher. Na edição 58, a musa apresentada era a jovem Scarlet Moon de Chevalier. Porém, surpreendentemente, o texto vinha assinado por Martha Alencar. "Ferreti, Tarso, Sérgio, Jaguar, Maciel, Paulo Garcez, o Departamento de Publicidade, a paginação, enfim, todos os homens da casa votaram na Scarlet para a dica desta semana. Agora, sumiram todos e deixaram o texto para a boneca aqui fazer. Tá certo, a Scarlet é uma graça, tem um corpo sensacional. Mas como é que eu vou explicar essa dica lá no Ceará?".

Assim como as memórias de Martha Alencar, a edição especial trazia outras reminiscências. Millôr Fernandes usou seu espaço para fazer a despedida que não havia feito quatro anos antes. Na sua versão, Millôr explicava que não houve brigas nem discussões, apenas que ele considerava que sua missão, iniciada em 1972, estava cumprida em 1975. "Minha tarefa era apenas a do catalisador, já que o esforço foi conjunto, de muitos dentro e fora do jornal", escreveu. Ao final do texto, justificava dizendo que "não podia permanecer no jornal sem escrever exatamente o que pensava". E que sua hora tinha passado.

Não era só Millôr que via sua hora acabar. A década se fecharia com uma importante saída. Sérgio Augusto, colaborador desde os primeiros números em 1969, colocava ponto final em sua trajetória no jornal.

*   *   *

Ligado ao *Pasquim* desde a primeira fase, quando foi levado por Sérgio Cabral, Sérgio Augusto Pinto, carioca de Santa Tereza, onde nasceu em 1942, chegara ao jornalismo no começo da década de 1960 pela crítica cinematográfica. Cinéfilo desde a adolescência, Sérgio Augusto levaria para a *Tribuna da Imprensa* – e depois também para o *Correio da Manhã*, *Jornal do Brasil*, e para as revistas *O Cruzeiro* e *Fatos & Fotos* – a sua incrível memória, que, quando colocada à disposição do seu texto, se tornava capaz de gerar algumas das melhores obras da imprensa brasileira de qualquer época. Culto, versátil, ágil e engraçado, Sérgio Augusto encaixou-se perfeitamente à proposta do jornal na década de 1970. Foi um dos idealizadores de um projeto jornalístico que pensava em transformar o *Pasquim* numa espécie de *Village Voice* – o modelo de todo jornal "de bairro" bem-sucedido –, com cuidado na parte comercial e na venda de anúncios e classificados, sem descuidar da parte editorial e/ou interferir nela. No *Pasquim*, Sérgio Augusto atuava em várias frentes – escrevia bem (e muito), editava, criava seções e recuperava histórias e personagens dos quais quase ninguém mais lembrava.

Nos últimos meses, como titular da coluna É Isso Aí, Sérgio Augusto e o comando do *Pasquim* entrariam em descompasso. No final, foram de fato duas saídas. A primeira, ali pelo meio do ano, entre maio e agosto de 1979, quando Ziraldo o censurou, mandando retirar as menções contidas em um manifesto enviado à redação por um grupo de feministas que repudiavam o ato libidinoso de um então alto funcionário do *Jornal do Brasil*. A acusação era de assédio sexual, pois o alto funcionário havia, segundo elas, agarrado os seios de uma recepcionista do mesmo jornal. A moça estrilou e foi demitida. O alto funcionário permaneceu no cargo.

O emprego mantido não o livrou das críticas ao comportamento, tampouco das manifestações irônicas. De imediato, acabou ganhando pelos corredores da redação o apelido de "amigo do peito". Como Sérgio Augusto decidira publicar o acontecimento e dar voz ao manifesto em sua coluna, Ziraldo, na calada da noite, pegou uma caneta Pilot (a mesma marca com que os censores rasuravam o *Pasquim*) e rabiscou todas as referências ao alto funcionário. A justificativa não admitida é que Ziraldo pretendia evitar atritos com o *JB*, no qual então colaborava. Para azar dele, esqueceram de cortar as partes assinaladas no *paste-up*³ e transformá-las em espaços em branco, e o jornal rodou com aquelas tarjas pretas da Pilot. Revoltado com a indevida interferência, Sérgio Augusto pediu demissão.

A situação poderia ter sido contornada mais rapidamente, já que, pelas semanas seguintes, Jaguar pediu várias vezes que Sérgio Augusto reconsiderasse, alegando que os leitores estavam pedindo a sua volta. Depois de um tempo de reflexão, Sérgio Augusto aceitou o apelo do amigo e chefe e reassumiu seu posto na edição número 531, em setembro. Porém, pouco tempo depois, Sérgio Augusto seria demitido, agora pelo próprio Jaguar, que iria lhe enviar uma carta. O motivo: Sérgio Augusto criticara o jornal, após um ataque generalizado a Mino Carta e à *IstoÉ*, por causa de uma reportagem do jornalista Wagner Carelli naquela revista em que ele gozava a esquerda festiva reunida no apartamento de Guguta Brandão (que, ao lado do marido, o jornalista e publicitário Darwin Brandão, formavam um dos casais mais famosos entre os anfitriões do Rio). Sérgio Augusto acreditava que, se ele criticava todos os jornais da praça, por que deveria poupar o *Pasquim* por um deslize? Jaguar não concordava com a autocrítica e argumentava, na tal carta de demissão, que Sérgio Augusto não estava mais "vestindo a camisa do jornal". Fora do *Pasquim*, Sérgio Augusto continuaria morando no Rio, mas se tornaria repórter especial da *Folha de S. Paulo*.

* * *

Com o novo governo, Figueiredo no comando, o jornal continuaria testando os limites da abertura democrática com provocações, como

---

³ Antiga montagem de arte-final produzida em papel, colada sobre outro papel e encaminhada para reprodução impressa.

a frase-lema publicada na capa da edição do já citado número 508: "O *Pasquim* – um jornal inescrupuloso, aético, faccioso e parcial". A definição havia sido proferida pelo coronel Rubem Ludwig, porta-voz de Geisel no final de seu governo e nomeado por Figueiredo como chefe de gabinete da secretaria-geral do Conselho de Segurança Nacional.

Cada vez mais distante do humor escrachado, do desbunde dos primeiros anos e do humor anárquico, da alta cultura e do *"media criticism"* da fase comandada por Millôr, Ivan Lessa, Paulo Francis e Sérgio Augusto, o *Pasquim* se consolidava como um jornal eminentemente político. Prova disso eram as entrevistas com Herbert Daniel, na edição 519 – a última antes da promulgação da Lei da Anistia, que por não ser "ampla, geral e irrestrita", como era pedida, passou a sofrer ataques pelo jornal. Na sequência, o psicanalista Hélio Pelegrino escreveria no número 525 um texto atacando o que havia sido promulgado e definindo a decisão com o título "Pífia, pouca, pobre anistia". Na edição 530, o ataque seria ainda mais contundente. Claudius recordaria anistiados brasileiros de outros períodos históricos e que pelos critérios de então não teriam sido perdoados. Na lista constavam nomes como o brigadeiro Eduardo Gomes, ex-candidato à Presidência da República, o general Oswaldo Cordeiro de Farias, integrante da Coluna Prestes e ex-governador do Rio Grande do Sul (interventor) e de Pernambuco (eleito), e o também general Euclydes Figueiredo, pai do então presidente.

Os vínculos políticos do *Pasquim* ficariam ainda mais intensos com três entrevistas, com nomes destacados da política pré-64 que voltavam a fazer parte do cenário. O primeiro seria o ex-deputado paulista Almino Affonso (número 528). Logo depois, o ex-governador pernambucano Miguel Arraes (no 535) e, quase em seguida, na edição 537, o ex-governador gaúcho Leonel Brizola. Com este último, o *Pasquim* já começava a empunhar uma bandeira, apresentando o líder trabalhista como o "antídoto para o mal de Chagas", sendo Chagas o Chagas Freitas que governava o Rio de Janeiro.

A foto que abria a entrevista mostrava Brizola sentado defronte de uma ampla mesa com mais de 15 pessoas, entre entrevistadores e curiosos ao redor. Dizendo que se sentiria "mais confortável se os amigos me crivassem de perguntas", Brizola começou falando sobre o contexto internacional, para logo depois entrar em temas mais próximos, como o trabalhismo, o MDB e Miguel Arraes. Falou ainda de como via o ressurgimento do PTB – sigla partidária que não acabaria em suas mãos –, de como avaliava o chaguismo no Rio de Janeiro e de seus encontros políticos com o então senador Amaral Peixoto, genro de Getúlio Vargas e adversário local de Chagas Freitas, a ponto de trocar o MDB pelo então novo PDS de Figueiredo. Já pelo final da entrevista, Ziraldo pergunta quem seria o candidato dele ao governo do Rio. Brizola corta de imediato: "Não pensamos nisto".

As entrevistas políticas se manteriam com os depoimentos de Luiz Carlos Prestes, então secretário-geral do clandestino Partido Comunista Brasileiro, na edição 540, e, quase em contraposição, logo depois seria a vez de João Amazonas, líder do PCdoB, como sendo o entrevistado no número 544. Se era amplo no espectro de personagens políticos, o *Pasquim* também se abria para novos temas, preocupando-se com a questão indígena, com os descalabros econômicos e com a inflação galopante, com a educação e o apoio à UNE, com as greves que começam a eclodir a partir de 1979 e o renascimento dos sindicatos. Numa linha mais crítica, Henfil deixaria o desenho um pouco de lado e passaria a publicar textos na coluna com cartas semanais ao "primo Figueiredo". Aproveitando-se do momento institucional do governo, que pretendia fazer de Figueiredo uma figura popular – ao ponto de forçar o "João" como a maneira correta de se referir ao presidente –, Henfil desfiava suas críticas ao regime.

Editorialmente, o jornal se reforçaria com a presença de Alberto Dines. Já na época com quase três décadas de atividade jornalística – iniciada em 1952 como crítico de cinema na revista *A Cena Muda* –, Dines trazia no currículo passagens importantes pela revista *Manchete* (até se demitir após desentendimentos com Adolpho Bloch, seu patrão e também contraparente), pela *Última Hora*, de Samuel Wainer, e pela direção do *Diário da Noite*, dos Diários Associados, até tornar-se editor-chefe do *Jornal do Brasil*, no qual ficou entre 1961 e 1973. Sem espaço nos jornais brasileiros, Dines passou uma temporada como professor visitante na Universidade de Colúmbia, nos Estados Unidos. Voltaria ao Brasil atendendo a um convite de Claudio Abramo, que queria que ele assumisse a chefia da sucursal carioca da *Folha de S. Paulo*. No novo jornal, Dines criou a coluna Jornal dos Jornais, dedicada a avaliar a atuação da imprensa, num trabalho semelhante ao de um *ombudsman*. Agora, Dines se mostraria disposto a repetir a tarefa no *Pasquim* com a seção Jornal da Cesta. Dines ocuparia a já famosa página 3 do hebdomadário a partir da edição 567, de maio de 1980. Com a coluna renovada, Dines convidava o leitor a lê-la "junto com a grande imprensa", aprendendo a desenvolver um olhar mais crítico com relação aos que os jornais tradicionais ofereciam como informação. "A crônica verdadeira dos eventos está na cesta das redações dos jornais e não no que sai impresso", era seu lema.

* * *

Em meio a tantas mudanças – políticas, editoriais –, o *Pasquim* ainda conseguia abrir os braços para receber velhos colaboradores, como Luiz Carlos Maciel. O jornal já havia sido o grande momento profissional da vida de Maciel. Gaúcho de Porto Alegre, onde nasceu em março de 1938, o jornalista, escritor e filósofo, com o nome tirado de uma homenagem ao líder comunista Luís Carlos Prestes, estudou num tradicional colégio jesuíta da capital gaúcha antes de se formar em Filosofia pela universidade federal aos 20 anos. Ligado a saraus poéticos e grupos teatrais de sua cidade, Maciel foi fazer uma excursão pelo nordeste do país com escala em Salvador. Lá pegaria o auge da Renascença baiana patrocinada pelo reitor Edgard Santos e ficaria próximo de jovens que começavam a agitar a vida cultural da cidade, como Caetano Veloso, João Ubaldo Ribeiro, Paulo Gil Soares e – especialmente – Glauber Rocha. Com Glauber, Maciel teria a noção de que suas ambições teatrais poderiam ser acrescidas por experiências cinematográficas, ampliando suas áreas de atuação. Desse convívio surgiria o convite para que Maciel estreasse à frente das câmeras como ator em *Cruz na Praça*, curta-metragem dirigido por Glauber. Mais como experiência do que proposta profissional, a atuação de Maciel não teve grande repercussão. Na virada da década seguinte – a década que lhe marcaria para sempre como um de seus principais analistas e memorialistas –, Maciel estaria no Carnegie Institute of Technology, em Pittsburgh, nos Estados Unidos, como bolsista da Fundação Rockefeller, para estudar direção teatral e produção de roteiros.

Depois da temporada americana de um ano e meio, Maciel retornaria a Salvador como professor da Escola de Teatro, e de lá desceria para o Rio de Janeiro, onde Glauber Rocha e outros baianos da mesma geração já estavam instalados. Ao teatro e ao cinema somou-se o jornalismo, e Maciel começou a escrever para o *Jornal do Brasil*, a *Última Hora* e a revista *Fatos & Fotos*, da editora Bloch. Dessa época vem seu convívio mais intenso com Tarso de Castro, seu conterrâneo e com quem iria dividir muitas conversas e noites em bares. Sua participação no *Pasquim* seria natural e sua contribuição ficaria para sempre atrelada ao jornal. Maciel retomaria suas colaborações com o *Pasquim* atendendo a um chamado de Jaguar. De volta aos textos – agora sem a coluna Underground –, confessaria acreditar que a decisão pela sua volta, já em tempos de abertura política, tinha a ver também com um reconhecimento de que as propostas lançadas por ele e, principalmente, por Tarso de Castro, estavam vingando, identificando Gabeira como o maior símbolo desses novos tempos. A liberdade exercida nessa nova fase até encorajou Maciel a se colocar no papel de entrevistado. "Sempre quis dar uma entrevista para o *Pasquim*, ser um de seus entrevistados, o que sempre considerei incomparavelmente mais charmoso do que ser apenas um de seus reles colaboradores", disse Maciel numa autoentrevista em que se (re)apresentou aos leitores na edição de número 500 do jornal. Maciel, que então já havia se dedicado a tantos outros projetos – peças de teatro, programas de televisão, *shows*, discos, oficinas de textos, outros jornais –, agora se reapresentava declarando sua profissão de fé, no que acreditava e afirmando que aquele período inicial fora fundamental na sua formação: "Em tudo. Mas, principalmente, a nossa loucura da época. A vontade de mudar, criar, inventar, viver". E encerrava: "Minha mesma loucura de agora e de sempre".

* * *

A censura, que em tese havia deixado o jornal no número 300, voltou a assombrar, confirmando que a anistia não era mesmo tão ampla e geral, muito menos irrestrita. Às vésperas da comemoração de primeiro ano do governo Figueiredo, a edição de número 559 do *Pasquim* foi apreendida nas bancas no dia 14 de março de 1980 por ordem do ministro da Justiça, Ibrahim Abi-Ackel. A versão oficial seria a de que o jornal foi enquadrado na Lei de Imprensa por "conter matéria ofensiva à moral pública e aos bons costumes". O motivo seriam cenas de nudismo frontal em praias cariocas, além da exibição da foto de uma mulher negra, de costas, com a parte inferior do biquíni abaixada até os joelhos. A versão não oficial, já conhecida na época e por motivos óbvios não divulgada, deixava claro que a razão da apreensão era outra. Na contracapa, o *Pasquim* publicava uma fotomontagem em que Figueiredo aparecia em trajes sumários sobre um bolo, comemorando ao lado de quatro ministros o primeiro aniversário de seu governo. Figueiredo, que gostava de posar em público com trajes sumários, mas não gostava de brincadeiras, mandou apreender o jornal.

A apreensão foi grave, abalou as estruturas do já combalido jornal, e não veio só. Na mesma época surgia uma onda atroz, trabalhada para calar as vozes contra o regime em fim de feira: atentados contra bancas de jornal. Ainda em março de 1980, é atacada a sede do jornal *Hora do Povo*, ligado ao MR-8, Movimento Revolucionário 8 de Outubro, organização política marxista que participou da luta armada contra a ditadura militar brasileira. Jornaleiros de São Paulo, Curitiba e Belo Horizonte passaram a sofrer ameaças caso continuassem vendendo jornais como *Convergência Socialista, Coojornal, Tribuna Operária, Voz da Unidade, Em Tempo, Hora do Povo, Movimento, O Trabalho* e *Pasquim*. Algumas bancas foram também incendiadas. Nem mesmo espaços legislativos como a Câmara de Vereadores do Rio de Janeiro e a Assembleia Legislativa do Rio Grande do Sul ficaram imunes aos atos de intimidação, muito possivelmente patrocinados por grupos ligados à linha dura, que se viam sem espaço com a abertura política.

As bancas, a parte mais frágil desse jogo, sentiram o golpe com mais força. Aproximadamente metade dos pontos de venda, sabendo do peso das ameaças, pararam de vender o jornal.

O uso cada vez mais comum de bombas pelos grupos mais linha dura de apoio à ditadura passou a assustar. E embora tenha tratado como galhofa, o *Pasquim* sentiu que as ameaças eram para valer. Comprometido em manter o processo de abertura política, Figueiredo declarou na época que "nem 1000 bombas impedirão a abertura", servindo de gancho para que o jornal brincasse com o tema. No número 584, um Sig todo estraçalhado por uma explosão gritava "Caceta. Ainda faltam 971", em referência ao 29º atentado, dessa vez em novembro de 1980, em ataque à sede da Ordem dos Advogados do Brasil (OAB).

A situação ficaria ainda pior menos de um semestre depois. Na noite de 30 de abril de 1981, duas bombas explodiram no estacionamento do Centro de Convenções Riocentro, no Rio de Janeiro, que abrigava um *show* coletivo com grandes nomes da música brasileira – Elba Ramalho, Gonzaguinha, Chico Buarque, Fagner, Simone, Dominguinhos, entre outros – em um espetáculo comemorativo do Dia do Trabalhador. O atentado só não se transformou em tragédia sem precedentes na história do Brasil quase que por mero acaso. A primeira das bombas explodiu antes, quando ainda estava sendo levada pelo sargento Guilherme Pereira do Rosário e pelo capitão Wilson Dias Machado dentro de um carro esportivo Puma GTE. Com o *show* já em andamento, a explosão atingiu apenas os dois militares, matando o sargento e ferindo gravemente o capitão, que, em pânico, deixou o carro com o ventre ensanguentado e segurando as próprias vísceras. Enquanto isso, a poucos metros de distância dali, ocorria uma outra explosão. Uma segunda bomba jogada por cima de um muro que protegia uma miniestação elétrica responsável pelo fornecimento de energia do Riocentro explodiu no pátio, sem, no entanto, chegar a interromper o fornecimento de energia.

Os dois militares que iriam executar o atentado contra cerca de 20 mil pessoas integravam o DOI do I Exército, no Rio de Janeiro, e faziam parte do aparelho de repressão que vinha sendo progressivamente desativado desde 1975. Era o mesmo grupo responsável pelos ataques anteriores às bancas. Quem estava dentro do pavilhão do *show* nem chegou a ouvir a explosão – o que também poderia causar uma tragédia –, apenas um ruído abafado. A maioria só soube do atentado depois do final do *show*.

Nos dias posteriores ao crime foi ficando cada vez mais evidente a participação – ou pelo menos o conhecimento – de órgãos oficiais e governamentais. Todos os jornais e emissoras destacaram seus melhores repórteres e equipes na cobertura. O *Pasquim* não ficou de fora, ora alternando denúncias mais sérias, ora partindo para o ridículo e para a gozação. Num desses deboches, o jornal mostrou-se indignado com o final do inquérito que inocentou de qualquer acusação o capitão sobrevivente. Resultado: o punido foi o *Pasquim*, que teve sua edição 625 apreendida. Na época, cada apreensão significava também um baque na situação financeira do jornal. Além da aporrinhação, da pressão, da intimidação e do temor de novos atos da censura – o jornal adotaria a partir do número 562 o aviso "sujeito a apreensão" logo abaixo do selinho "sem censura prévia" –, um pesado prejuízo. O recolhimento de 85 mil exemplares da edição apreendida aumentaria ainda mais o rombo nas contas. Continuar publicando o jornal, enfrentando também custos com gráficas e compra de papel, parecia ser um desvario.

O inquérito também atingiu o poder oficial. Insatisfeito com o resultado – porém sem nunca ter abertamente admitido –, Golbery do Couto e Silva, ministro-chefe da Casa Civil de João Figueiredo, pediu para sair na primeira semana de agosto de 1981. Na edição de número 633 do *Pasquim*, o afastamento seria ridicularizado com o título "Go! Bery" e com um acréscimo que fazia referência ao substituto escolhido, Leitão de Abreu: "e que o Leitão nos seja leve".

Em contraposição ao jornal, que mesmo com novas propostas e nova estratégia editorial não conseguia fazer com que isso se refletisse nas vendas em bancas, a Codecri vivia uma fase deslumbrante. Surgida em meados dos anos 1970 como forma de diversificar os negócios, num primeiro momento apenas lançava coletâneas ligadas ao material publicado pelo jornal (*As Grandes Entrevistas do Pasquim* e *O Som do Pasquim*, ambas de 1976), mas logo a seguir editaria livros produzidos pelos autores da própria patota, como *Paulo Francis Nu e Cru* (1976), *Millôr no Pasquim* (1977) e *ABC do Sérgio Cabral* (1979). O grande salto viria com a trilogia escrita por Fernando Gabeira – o *best-seller O Que É Isso, Companheiro?* (1979), seguido pelos igualmente bem-sucedidos *O Crepúsculo do Macho* (1980) e *Entradas e Bandeiras* (1981). A partir de então, a Codecri – que já havia editado obras importantes, como *Barra Pesada* (1977), do repórter policial Octavio Ribeiro, o Pena Branca, abordando as promíscuas relações entre policiais e bandidos do Rio daquela época – incrementaria ainda mais o seu catálogo, tornando-se uma editora de primeira linha do mercado livreiro do país. Seriam símbolos dessa nova fase o livro-reportagem *Nossos Índios, Nossos Mortos*, de Edilson Martins; *Bomba no Riocentro*, da repórter política Belisa Ribeiro, descrevendo os atentados a bomba no calor dos acontecimentos; e o romance *O Beijo da Mulher Aranha*, do argentino radicado no Rio de Janeiro Manuel Puig, todos de 1981. A boa fase seria admitida por Ziraldo em uma entrevista concedida ao *Coojornal* em janeiro de 1980: "A Codecri está indo muito bem, e o *Pasquim* vai aos estalos. Ela foi a nossa salvação".

Além de perder leitores, anunciantes e colaboradores, o *Pasquim* perdia também algo muito mais importante: o humor. O jornal havia ficado amargo, sem brilho. Em parte porque o simples contato com os temas da volta dos exilados já era por si só melancólico. Mesmo que fosse possível ver esperança nos dias que viriam, as histórias eram repletas de perdas, desencantos, dores e amarguras. Refletindo isso, o jornal entrava também em depressão. O *Pasquim* se encontrava como o cachorro que cai do caminhão de mudança: não sabia voltar à casa anterior (encantar os antigos leitores), tampouco sabia onde ficava a casa nova (descobrir novos leitores). Estava perdido.

Tão perdido que, antes que 1981 acabasse, os editores tomariam uma decisão despropositada e estapafúrdia.

No final de 1981, o *Pasquim* vivia sob um duplo comando. Ziraldo se responsabilizava pela linha editorial do jornal, enquanto a Jaguar caberia o não muito bem especificado cargo de presidente da empresa. Nessa época, pouco antes do Natal, houve a decisão de transformar o jornal em *standard*, abandonando o clássico formato de tabloide. Uma das justificativas seria das piores que poderia ser dada: tornar o jornal mais "sério", como se um jornalão – pelo seu formato – pudesse ser mais bem avaliado pelos leitores. No mesmo período, num editorial no número 651, Ziraldo tentaria unificar o pluralismo político sob a bandeira do "SOMOS CONTRA". O *Pasquim* se colocava claramente como oposição e se denominava o "símbolo da resistência" à ditadura. Como avalista desse novo processo, o jornalista Carlos Castello Branco – decano dos comentaristas políticos no Brasil – classificava o "novo" *Pasquim* não como "um jornal a mais, mas um jornal que se distinga na informação e na análise pela irreverência do estilo e o excitante bom humor de sua equipe".

Num primeiro momento, tudo isso não foi percebido pelo leitor. A única alteração visível foi mesmo no formato, com o jornal passando de 32 páginas para 16, porém, dada as características do *standard*, mantendo a mesma superfície editorial. O impacto inicial foi paradoxal. Embora ocupando páginas maiores, o *Pasquim* perdia na qualidade de diagramação e de projeto gráfico. As páginas, antes mais ousadas e bonitas, ficaram mais óbvias, apenas acumulando artigos sem privilegiar tanto as fotos e as ilustrações.

Também nessa fase surgiram novos colaboradores. Alfredo Sirkis, Heloneida Studart, José Ramos Tinhorão, Aguinaldo Silva e Argemiro Ferreira estavam entre eles. Jaguar, afastado de questões burocráticas e administrativas, assumiu a página Covil do Jaguar, onde se destacava a seção BIP – Busca Insaciável do Prazer, em que ele dá dicas de bares, botecos, petiscos e bebidas. Nas entrevistas, duas sobressaíram nessa fase. A primeira com o líder palestino Yasser Arafat feita por Fausto Wolff. A outra, bem ao estilo do velho *Pasquim*, foi feita com Paulo Maluf, então governador paulista. Como Maluf se negara a responder ao pedido de entrevista dos jornalistas, o *Pasquim* publicou apenas as perguntas com espaços em branco no lugar das respostas.

A experiência de transformar o *Pasquim* em *standard* foi criticada desde o primeiro número novo. As reclamações dos leitores com relação ao formato eram tão intensas que, além da seção de cartas, Jaguar chegou a publicar algumas no seu Covil. Rendida aos fatos, a equipe do *Pasquim* retomou o velho formato. A fase jornalão não chegou a emplacar um semestre. Durou apenas 21 números, de dezembro de 1981 a maio de 1982. Na edição que marcava a volta ao formato tabloide, a frase de capa reconhecia o equívoco: "Quem nasceu pra tabloide nunca chega a jornalão".

Agora, uma nova fase muito mais intensa ainda estava por vir. Na mesma entrevista concedida ao *Coojornal*, Ziraldo e Jaguar respondem como o *Pasquim* se adaptaria aos novos tempos. Para Jaguar, o *Pasquim* teria "pau, mulher e tanga de crochê", brincando com a sunga que Gabeira havia usado na praia. Ziraldo acrescentava, já deixando mais clara sua opção política: "Mais o Ulysses Guimarães, o PMDB".

CAPÍTULO 5
PASQUIM VAI ÀS URNAS

A eleição de 1982 foi uma das mais importantes da história recente do Brasil. Repleta de significados, a disputa eleitoral marcava o retorno das eleições diretas para a escolha dos governadores – algo que não acontecia no país desde 1965. Assinalava ainda a volta do período pluripartidário (com o surgimento do PDS, de situação, e do PMDB, PDT, PTB e PT, todos de oposição ao regime) e, mais importante, devolvia ao cenário político personagens de destaque que estavam afastados da vida pública, como Miguel Arraes, Francisco Julião, José Serra, Mario Covas, Vladimir Palmeira e Leonel Brizola.

O *Pasquim* não ficou indiferente às eleições. Se na época mais braba da ditadura sua oposição ao regime era coesa e unida, em tempos de abertura política o comando fragmentou-se. Já que a fusão das oposições era impossível, o jeito foi dividir entre os candidatos as páginas do jornal. Do número 680 ao 700, a política do Rio de Janeiro seria o tema de grande parte das entrevistas. Receberam destaque, pelo PMDB, Arthur da Távola (jornalista e candidato a senador), Antonio Carlos "Perna", figura folclórica de Vila Isabel, amigo de Jaguar, Carlinhos de Oliveira, candidato a vereador, e a jornalista Heloneida Studart, candidata a deputada estadual. Para deputado federal, os nomes eram: Alberto Capibaribe, Márcio Braga (ex-presidente do Flamengo) e Márcio Moreira Alves. Este último tentava retomar o mandato que lhe havia sido cassado em 1968, após proferir no início de setembro daquele ano um discurso no Congresso Nacional em que convocava um boicote às comemorações do Dia da Independência e solicitava às jovens brasileiras que não namorassem oficiais do Exército. O PDT seria lembrado com Darcy Ribeiro, companheiro de chapa de Leonel Brizola como candidato a vice-governador, Carlos Alberto de Oliveira, o Caó, presidente do Sindicato dos Jornalistas do Rio de Janeiro e candidato a deputado federal, Mauricio Azêdo, mais tarde presidente da Associação Brasileira de Imprensa e à época postulante a uma cadeira de vereador, e Neiva Moreira, vice-presidente nacional do PDT. Pelo PT, inexpressivo no Rio, apenas Liszt Vieira, sociólogo e professor universitário, ganhou espaço nas páginas para defender sua candidatura a deputado estadual. Rara exceção nesse contexto foi Sérgio Cabral, candidato a vereador pelo PMDB. Teve o apoio unânime de todos os vinculados ao jornal e ganharia a capa na edição 684 com a manchete "O Pasquim no poder: Sérgio Cabral para vereador" e uma caricatura do jornalista com a camisa do Vasco da Gama segurando bandeirinhas do PMDB, do Flamengo, Fluminense e Botafogo.

Se o PMDB vencia entre os entrevistados, entre os articulistas o peso maior era do PDT. Fausto Wolff, Aldir Blanc, Moacir Werneck de Castro e Nássara apoiavam o candidato trabalhista. O PMDB tinha o apoio de Ziraldo, Alberto Dines e Milton Temer. Correndo por fora, Henfil, Edilson Martins e Iza Freazza simpatizavam com o PT. Porém, os dois últimos, diante do tsunâmi Brizola, pregaram o voto útil no político gaúcho. Edilson alegando que Brizola "atrai o povão – o feirante, o motorista, a dona de casa, a empregada doméstica... Aí eu pensei: meus amigos do PT que me perdoem..." E Iza com um artigo publicado na edição 697 em que defendia "Brizola na cabeça e PT no coração", sugerindo o voto no PDT no Rio e no PT, representado por Lula, na eleição de São Paulo.

Dentro desse quadro partidário, Ziraldo postou-se ao lado de Miro Teixeira como candidato a governador. O cartunista via no jovem deputado chaguista a melhor solução para livrar o Rio de suas mazelas. Além disso, Ziraldo era um ativo simpatizante do MDB, depois PMDB, a quem inclusive ajudou com a criação do logotipo, aquele em que uma chama surge do meio do "M" da sigla.

Na oposição estava Jaguar, um dos primeiros a acreditar no discurso brizolista e apoiador da candidatura desde quando o ex-governador gaúcho patinava nas pesquisas com menos de 5% das intenções de votos. Ao lado de Jaguar, o PDT abrigava outros pasquineiros importantes, como o ex-editor Tarso de Castro, o já citado colaborador Fausto Wolff e o ator Hugo Carvana, marido da ex-editora Martha Alencar, igualmente brizolista.

O Rio de Janeiro estava no epicentro de um terremoto político. Raro estado onde todos os cinco partidos de então estavam representados, o Rio chegou às eleições de 1982 com um panorama político pulverizado. Concorriam ao Palácio das Laranjeiras o ex-prefeito de Niterói, Wellington Moreira Franco; um ex-emedebista agora aninhado com seu sogro e mentor político, Amaral Peixoto, no PDS; Lysâneas Maciel, um ex-deputado autêntico do velho MDB agora filiado ao PT; Sandra Cavalcanti, lacerdista de raiz que se filiara ao PTB; Miro Teixeira, fenômeno eleitoral que havia conquistado um mandato de deputado federal no pleito anterior pelo PMDB com mais de meio milhão de votos; e Leonel Brizola, que voltava de um exílio de 15 anos e tentava retomar seu protagonismo político, agora à frente do PDT, já que a sigla de sua preferência, o PTB, havia sido negada a ele pela justiça.

Num primeiro momento, Miro, turbinado pelo governo estadual, comandado por seu padrinho político Chagas Freitas, e Sandra, principal voz de oposição no Estado, dispararam na frente. Pareciam favoritos e – ao que tudo indicava – a disputa deveria ficar mesmo entre os dois. Com o avanço da campanha e o início do horário eleitoral, as candidaturas de Moreira Franco, com forte injeção de recursos do governo federal, e a de Brizola começam a crescer. O mingau estava sendo comido pelas beiradas, como profetizava o líder trabalhista.

Quando novembro chegou, já estava claro que os únicos com chances reais de vitória eram mesmo os candidatos do PDS e do PDT. A luz vermelha do governo da ditadura acendeu-se pelo medo da consagração de Brizola, fazendo com que acontecimentos estranhos fossem tentados para alterar o resultado final. Porém, Brizola, alertado por jornalistas e escaldado por situações semelhantes, reeditou em menor escala uma movimentação parecida com a da Legalidade que havia comandado duas décadas antes. Chamou a imprensa internacional – e também a nacional que se mostrasse menos vinculada ao governo – e denunciou a manipulação. A estratégia deu certo. Brizola foi eleito com 1.709.264 votos, 34% do eleitorado. Moreira Franco ficou logo atrás, com 1.530.728 (30% dos votos). Como o voto era vinculado, ou seja, o eleitor era obrigado a votar de ponta a ponta, de governador a vereador, no mesmo partido, muitos foram beneficiados pelo furacão Brizola. Com ele foram eleitos o vice Darcy Ribeiro, o senador Roberto Saturnino Braga e uma bancada com 16 deputados federais, aí incluídos nomes tradicionais do trabalhismo, como Brandão Monteiro e Bocaiúva Cunha, e novatos curiosos, como o cantor Agnaldo Timóteo e o cacique Mario Juruna. Vale lembrar que na época não havia segundo turno, tampouco urnas eletrônicas – o voto era por escrito e colocado em urna de papelão.

* * *

Reza a lenda que, durante os meses que antecederam a disputa, Jaguar e Ziraldo fizeram um acordo: quem ganhasse a eleição ficaria com o jornal. Essa talvez fosse a última chance de salvar o *Pasquim* e alavancar as vendas, que, em meados de 1982, rondavam os irrisórios 20 mil exemplares, menos de dez por cento do que chegou a ser alcançado nos dias de glória.

O engajamento e a forte vinculação do jornal às eleições fluminenses evidenciaram outra fraqueza do *Pasquim*: ele agora parecia ser um periódico claramente provinciano, local. Em que pese todo o charme e toda a força política e cultural do Rio de Janeiro, nenhuma publicação poderia se dar ao luxo de negar, por exemplo, a primazia de São Paulo, até porque o estado já era então aquele que trazia maior capacidade de atrair leitores e anunciantes – as principais editoras jornalísticas e agências de propaganda estavam lá sediadas. A eleição em São Paulo, com nomes expressivos e de alcance nacional, como Ulysses Guimarães, Franco Montoro, Orestes Quércia, Severo Gomes, Lula, Paulo Maluf e Jânio Quadros, foi solenemente ignorada pelo *Pasquim*. Isso para não citar outros estados relevantes, como Minas Gerais (com Tancredo Neves e Itamar Franco), Bahia (com Waldir Pires e Francisco Pinto), Rio Grande do Sul (com Paulo Brossard, Alceu Collares e Pedro Simon) e Pernambuco (com Jarbas Vasconcellos, Miguel Arraes e Marcos Freire).

Uma leve guinada em direção a São Paulo foi a aceitação do *Pasquim* de cartunistas como Angeli e Laerte, que passaram a ter seus trabalhos publicados no tabloide muito possivelmente por interferência de Henfil, que depois de temporadas nos Estados Unidos e no Rio Grande do Norte havia se aproximado da capital paulista.

Enquanto Ziraldo e Jaguar duelavam pelo comando do *Pasquim*, Millôr, já afastado há anos da publicação, também se veria atingido pela eleição fluminense. Ao se recusar a atender as orientações editoriais do comando da Abril, que proibiam a manifestação pública por alguma candidatura nas páginas de *Veja*, Millôr foi demitido da revista por abrir o voto e fazer campanha para Brizola. Transferiu-se para a *IstoÉ* e estreou reafirmando seu apoio à candidatura do pedetista.

Outro ex-*Pasquim*, Tarso de Castro, encontrava-se no outro lado da ponte aérea. Reaproximado de Otávio Frias, Tarso ganharia no começo dos anos 1980 uma coluna na *Folha de S. Paulo*, veículo no qual exercitaria seu talento inato para criar novidades, causar polêmicas e acumular inimigos. Poucos foram aqueles que ao longo da vida não tiveram algum atrito com Tarso. O próprio Otávio Frias, por exemplo. No primeiro semestre de vida do *Pasquim*, na edição de número 25, de dezembro de 1969, Tarso de Castro escreveu o que pensava do dono da *Folha de S. Paulo*. "Cada dia piores os jornais do doutor Otávio Frias, o homem que, de repente, comprou todos os jornais de São Paulo, à exceção, naturalmente, dos órgãos do diário *O Estado de S. Paulo*. Todos dizem a mesma coisa, isto é, absolutamente nada." E concluiu de maneira ainda mais agressiva: "Otávio Frias não tem nada a dizer, pois raciocina em termos de $$$, seja qual for o assunto".

Agora, na nova coluna, Tarso atacava com violência Jânio Quadros e Paulo Maluf, mostrava-se otimista e simpático às candidaturas de Franco Montoro, pelo PMDB em São Paulo, e, obviamente, no Rio, à de Brizola, seu amigo desde os tempos da cobertura jornalística da Campanha da Legalidade. Com a vitória de Brizola, Tarso ficaria mais próximo do Rio, embora mantivesse sua base – onde despachava, entrevistava e recebia telefonemas – na churrascaria Rodeio, na capital paulista. Foi lá que concedeu uma entrevista à *Playboy* em novembro de 1983 e falou por uma das últimas vezes sobre o jornal do qual tinha sido um dos fundadores: "Não me meto nas coisas do *Pasquim* há muito tempo. Temos um pacto implícito. Ninguém aporrinha ninguém. Já fomos companheiros. Então, esquece".

O distanciamento, porém, não o impedia de, nessa fase mais virulenta da coluna da *Folha de S. Paulo* – agravada pelas ausências constantes da redação para beber nos bares próximos ao jornal –, agredir velhos companheiros de batalha. Com Ziraldo, chegou várias vezes às vias de fato, em especial quando se cruzavam no local em que Tarso considerava como sendo terreno seu, a Rodeio. Com Jaguar, as brigas foram mais antigas, por escrito e unilaterais. Tarso publicou em sua coluna uma espécie de anúncio fúnebre em que registrava a morte do cartunista: "falecido em terrível tragédia oriunda de sua própria indignidade e atropelado pela – para ele – insuportável dignidade de Glauber Rocha". Tarso comprara para si a briga que o cineasta de *Terra em Transe* tivera com o cartunista e editor do *Pasquim*, que se negara a publicar um texto do primeiro por conta dos elogios feitos por Glauber a Golbery do Couto e Silva, chefe da Casa Civil de Ernesto Geisel.

Anos depois, comentando a inimizade entre Millôr e Tarso de Castro, que era editor do *Pasquim*, Jaguar lembrou de uma briga envolvendo Chico Buarque. "O Chico, que era muito amigo do Tarso de Castro, virou inimigo do Millôr por um tempo. Uma vez, num bar no Leblon, ele perguntou: 'O que você tem contra mim?'. Millôr não respondeu. Chico deu uma cusparada nele. Millôr atirou tudo que tinha na mão na direção do Chico, mas não acertou nada. Dias depois, contei essa história dizendo que o maior humorista brasileiro brigou com o maior compositor brasileiro. Me ligaram para perguntar se eu tinha brigado com o Martinho da Vila", relembrou, rindo.

* * *

O *Pasquim*, que tentou renascer em 1983, depois da cizânia pós-eleitoral, estava sem rumo. Agora, com a saída de Ziraldo no começo daquele ano, sem mais um nome histórico em seu expediente, o jornal também parecia estar editorialmente em um labirinto. Alguns sintomas se destacavam. Um deles era não saber se adotava um tom mais sério, apostando firmemente na análise e na interpretação do quadro político – que havia dado certo no passado recente – ou se seguia o forte tom humorístico, anárquico e galhofeiro, que sempre foi uma das marcas registradas do hebdomadário.

O *Pasquim* perdido não sabia mais nem olhar o caminho que já havia sido trilhado. Se soubesse, teria certeza de que a única fórmula para recuperar os dias de glórias seria uma síntese entre as duas linhas, investindo na cobertura política sem descambar para a caretice e sem descuidar do bom humor. E o principal: sem se engajar a um projeto político, fosse ele pessoal ou partidário.

Uma das poucas exceções em matéria de ousadia editorial desse período seria a edição de número 715, de março. Nela, a capa e mais três páginas seriam dedicadas a Roberto Marinho. Com uma ilustração mostrando o dono da Rede Globo de manto, coroa e cetro e com o título de "O homem mais poderoso do Brasil", o *Pasquim* trazia um "dossiê completo" sobre o império Roberto Marinho. Assinada no final do texto pelo repórter Cesar Tartaglia, a matéria começava dizendo que "Poucas pessoas entenderam e usaram tão bem a Revolução de 64 como o doutor Roberto Marinho". E seguia: "Em 18 anos, ele se tornou a personalidade mais poderosa da República e o dono do maior grupo privado de comunicação em todo o mundo". Na reportagem, séria e repleta de dados, bem diferente do padrão habitual do *Pasquim*, foram elencadas as diversas pontas dos interesses empresariais e políticos de Roberto Marinho. Estão lá seus negócios de jornalismo e comunicação, seu interesse pela área educacional, seus vínculos políticos e sua disputa contra Brizola.

Na mesma edição, outra grande surpresa era uma extensa conversa com Teotônio Vilela. Entrevistado por Henfil, o ex-senador recordava a guerra do ABC, quando esteve na região para dar apoio aos grevistas e fazer uma visita a Lula. E, dentro do projeto de se vincular cada vez mais a Brizola, o *Pasquim* trazia a chamada para a "ediçãozona histórica" que marcava a posse do novo governador do Rio, com textos de Millôr Fernandes, Darcy Ribeiro, Sérgio Augusto, Tarso de Castro, Fausto Wolff, Paulo Francis e Raul Ryff.

Sem grandes atrativos, o *Pasquim* ainda enfrentaria a grave crise financeira que preocupava a todos. Jaguar escancarou a dificuldade num editorial escrito em outubro de 1983. "Júlio, nosso gerente, me colocou contra a parede: ou aumentamos o preço de capa ou fechamos. Ricardo Bueno, nosso criseologista de plantão, forneceu os números, os índices dos últimos aumentos, essa merda toda. Da gasolina ao papel, da cerveja ao pepino." Declarando-se envergonhado por ter que explicar o aumento do preço (400 cruzeiros, o equivalente a cinco cafezinhos), Jaguar se eximia de qualquer responsabilidade. "A culpa é deles!", encerrava seu editorial. "Eles" não estava bem definido, mas era possível supor tratar-se do presidente da República e do ministro da Fazenda.

Como a situação não melhoraria em nada, o *Pasquim* seguiria no começo de 1984 ainda mais no limbo. O jornal que durante tanto tempo pautara a imprensa brasileira, agora sobrevivia de destaques pontuais, pérolas isoladas de jornalismo no meio de assuntos sem importância. Um desses destaques foi uma entrevista com Luís Carlos Prestes na edição de abril/maio de 1984. Na época, o líder comunista, aos 85 anos, participou de um encontro no auditório principal da Pontifícia Universidade Católica (PUC) do Rio Grande do Sul. Convidado pelo Diretório Acadêmico, Prestes deveria falar sobre a Coluna que levava seu nome. A palestra seria acompanhada e registrada pelo jornalista e ex-vereador Glênio Peres, o mesmo que havia sido cassado pela ditadura oito anos antes e que agora era correspondente do *Pasquim*.

Mesmo com esses espasmos de bom jornalismo, o *Pasquim* vinha perdendo a relevância que tinha junto ao leitor de classe média, de nível universitário e com preparo intelectual. Tal leitor iria agora preferir se informar pelos jornais convencionais. Seguidores de algumas de suas lições – na estrutura das entrevistas, na criatividade das pautas, no coloquialismo da linguagem –, jornalões como a *Folha de S. Paulo*, *Jornal do Brasil*, *Jornal da Tarde* e até o sisudo *O Estado de S. Paulo* aliviavam suas edições, arejavam seus textos e atraíam novos leitores e assinantes. O *Pasquim* ficara moderno demais para os conservadores e conservador demais para os modernos. Nessa transição, também não conseguiria manter o leitor mais jovem, novidadeiro, antenado, que valorizava o bom humor inteligente de antes e que agora se sentia bem abastecido com outras propostas. A principal delas era o *Planeta Diário*.

*   *   *

Filho de uma família de classe média do Rio de Janeiro, Reinaldo Batista Figueiredo (nenhum parentesco com o general-presidente) entrou para o *Pasquim* em 1974, com 23 anos ainda não completos. Incentivado pelos irmãos e amigos, Reinaldo se encorajou e foi à redação mostrar seus desenhos. Reinaldo gosta de dizer que quando lhe perguntam como chegou ao jornal, ele responde: a pé. Reinaldo morava perto do casarão da Saint

Roman e ainda lembra com detalhes como era o local que encontrou em meados dos anos 1970.

Na entrada ficava a recepção com a mítica Dona Nelma, secretária e figura vital para o andamento do jornal. No expediente, era apresentada assim: "Assessoria Geral, Secretária de Fé, Medianeira e Nume Tutelar". Em outra sala ficava o pessoal administrativo, e logo ao lado, uma cozinha. Nelma tinha uma mesa e uma máquina de escrever. Outras duas ficavam na sala da administração. Subindo para o segundo andar havia outras três máquinas. A primeira, na sala principal, da chefia. Anexa a esta sala havia uma espécie de varanda, onde ficava a mesa de Ivan Lessa, e outra em uma sala na qual ficava o restante da equipe: secretário de redação, diagramadores e revisores. No mesmo andar havia ainda outras duas salas menores, uma com os arquivos de aço que guardavam muitas fotos e ilustrações, e outra usada pelos desenhistas que, às vezes, iam lá para fazer algum trabalho no dia do fechamento. Como não havia laboratório fotográfico, os fotógrafos faziam o trabalho fora, com seus próprios equipamentos, e depois entregavam no jornal o material pronto. O casarão se completava com um sótão, onde, segundo a lenda espalhada por Jaguar, se escondia o misterioso "Japonês do Sótão", que estava lá esperando a Segunda Guerra Mundial acabar.

Obviamente, o *Pasquim* não tinha carros para transportar os jornalistas. A frota "pasquinense" se resumia ao bugre amarelo de Jaguar, chamado por ele de Rocinante e que eventualmente quebrava alguns galhos mais emergenciais. Para levar os originais para a gráfica, o pessoal da redação ia de táxi.

Reinaldo lembra que, como quase todo mundo naquela época, ele começou como *freelancer*. Não conhecia ninguém pessoalmente – chegou lá e se apresentou. "Para minha sorte, o Jaguar e o Ziraldo publicaram meu trabalho numa página inteira, de cara. Foi surpreendente, porque eu não tinha ideia de que ia começar tão bem assim nessa atividade. Ziraldo, num desses arroubos tipicamente ziraldianos, saiu gritando pela redação do jornal: 'Olha só, o cara já veio pronto!'. Eu era muito tímido, fiquei sem jeito e quase me escondi embaixo de uma mesa", lembra Reinaldo. Outra memória marcante foi o dia em que ele ficou observando Fortuna retocando um de seus desenhos. Fortuna cortava, refazia uma parte, colava um pedaço de papel em cima do outro e usava muita tinta branca para cobrir as imperfeições. Era um método complexo, cheio de truques e sempre dava certo: o desenho impresso em preto e branco ficava uma maravilha. "Eu, que tinha deixado a escola de música sem me formar, estava agora aprendendo tudo sobre jornalismo e humor na prática. Aprendi a desenhar, escrever, diagramar, editar, essa coisa toda." Daquele período, Reinaldo também guarda algumas oportunidades perdidas, como a do dia em que Ivan Lessa lhe perguntou se ele aceitaria ser parceiro dele numa tira de quadrinhos. Como ainda não se sentia muito seguro, acabou amarelando. Não topou a parada e se arrepende até hoje.

No *Pasquim* daquele período não havia rotina rígida, tampouco equipe fixa cumprindo horário na redação. O dia mais movimentado era terça-feira, por causa do fechamento, já que o jornal chegava às bancas às quintas-feiras. Terça era também o dia em que aparecia mais gente. Nos outros dias o movimento era menos intenso, com Jaguar e Ivan Lessa chegando quase sempre perto do meio-dia e saindo antes do final da tarde.

Além do convívio ao lado de Millôr Fernandes, Ivan Lessa, Henfil, Jaguar, Ziraldo e Sérgio Augusto, Reinaldo foi ocupando espaços no jornal. Aproximou-se dos cartunistas que já eram colaboradores, como Nani, Duayer, Guidacci, Mariano, Luscar e Demo (que depois virou Edgar Moura, importante diretor de fotografia do cinema brasileiro), e já no fim do seu período no *Pasquim*, no começo dos anos 1980, foi escalado por Jaguar para ser uma espécie de editor de humor. Nessa fase, Ricky Goodwin (que gravava e transcrevia todas as entrevistas e depois virou secretário de redação e editor) e Haroldo Zager (inicialmente diretor de arte) também viraram editores. Jaguar deu a Reinaldo carta branca para convocar os colaboradores e produzir páginas e mais páginas de humor toda semana. Reinaldo também se lembra de ficar algumas madrugadas na gráfica, conferindo e fazendo retoques de última hora nos fotolitos.

Pelo estilo pessoal, pela pouca grana que faturava e por não gostar de uísque, Reinaldo não frequentava os bares, os restaurantes e outros ambientes escolhidos pela geração mais velha. Natural, então, que se aproximasse mais do pessoal da sua idade, como Hubert e Claudio Paiva, jovens cartunistas e redatores de humor que viriam a se destacar futuramente. Na redação, os três inventavam seções, criavam páginas, bolavam desenhos e títulos, enfim, davam tratos a um material que acabou servindo como uma espécie de laboratório para o *Planeta Diário*. Além disso, naquele período, lembra Reinaldo, o ambiente passou a ficar contaminado pelas disputas políticas e partidárias, o que precipitou a saída de alguns deles. "E em 1984, nós três saímos e finalmente conseguimos realizar o sonho do jornal próprio."

O Planeta Diário foi fundado pelo trio. Coube a Claudio Paiva a sugestão do nome. Reinaldo, que ainda ocupava o cargo de editor de humor do *Pasquim*, participou de tudo desde o início, inclusive da criação do visual retrô do jornal. Ao contrário de seus antigos chefes no *Pasquim*, os três editores do novo jornal não tinham dúvidas em relação à proposta editorial. *O Planeta Diário* era um jornal totalmente de humor, sem uma linha dedicada ao jornalismo, digamos assim, sério. Personagens reais, como Paulo Maluf, José Sarney, Leonel Brizola, Caetano Veloso, João Gilberto e Nelson Ned, serviam apenas de gancho para títulos, textos, fotos e manchetes completamente exagerados e politicamente incorretíssimos. O jornal valorizava ainda os aspectos gráficos, aproveitando fotos e anúncios "chupados" de antigas publicações nacionais e estrangeiras, como *Manchete, National Geographic, Life, Saturday Evening Post* e *O Cruzeiro*. Era, assim, um jornal mais elaborado, limpo, ousado. Bonito, enfim.

A novidade veio dar à praia em dezembro de 1984 e teve aceitação imediata. Também tinha um humor de linhagem carioca, mas pelo *nonsense* geral que tomava conta de cada página parecia ser (e era) bem menos sectário do que o *Pasquim*. E, por último, levava ao extremo o ensinamento de que nada nem ninguém deveria ser respeitado. Enquanto o *Pasquim* adotava uma posição solene diante de certos temas e personagens, *O Planeta Diário* não levava nada a sério – até a agonia hospitalar de Tancredo Neves serviu de pretexto para piadas.

* * *

Tentando atrair leitores além das fronteiras da zona sul carioca, onde historicamente se consagrara, o *Pasquim* se perdia ao cruzar o Túnel Rebouças. Não sabia dialogar com quem vivia na zona norte e não entendia (ou não fazia questão de entender) os códigos, as gírias e os personagens distantes. Da mesma forma, o *Pasquim* não sintonizava com o leitor paulista. Já tantas vezes sacaneado pelo jornal, este leitor notava que a maneira que o Pasquim buscava agradá-lo era forçada, artificial. Ficava claro que a aproximação era por interesse: em São Paulo estava o forte do mercado publicitário. A força da grana que ergue e destrói coisas belas, como havia definido Caetano Veloso menos de uma década antes.

Grana também foi o que fez o *Pasquim* se entregar de corpo e alma a um projeto político. Com a chegada de Brizola ao governo do Rio, o

Pasquim viu claramente que ali estava um trampolim para um plano mais audacioso: Brizola seria um natural candidato a presidente da República. E da mesma forma que o *Panfleto* havia sido a plataforma jornalística de Brizola duas décadas antes, o *Pasquim* agora se colocava à disposição do projeto político-eleitoral do líder trabalhista.

Porém, a aguda crise financeira da segunda metade dos anos 1980, que atingiu todos os setores da economia e se refletia numa inflação gigantesca, ajudou ainda mais na decadência do *Pasquim*. Um dos poucos momentos de respiro em meio à desordem política e econômica foi o Plano Cruzado. Conjunto de medidas econômicas lançado pelo governo brasileiro em 28 de fevereiro de 1986, o Plano Cruzado tinha à frente dois nomes de destaque na Nova República: o presidente José Sarney e Dilson Funaro, o ministro da Fazenda. Em meio a uma inflação que enlouquecia a todos, o Plano Cruzado apresentava como solução o congelamento de preços. Alimentos, combustíveis, produtos de limpeza, serviços e até o dólar tiveram os preços tabelados pelo governo. O êxito foi imediato, a inflação despencou (de 12,47% em fevereiro para 1,43% em outubro) e o governo alcançou uma popularidade até então jamais imaginada.

Tal aceitação popular se refletiria nas urnas no mês seguinte. Em novembro, cavalgando no sucesso do Plano Cruzado, o PMDB conseguiu eleger 22 dos 23 governadores (apenas o de Sergipe, com o PFL, ficou de fora). Brizola, uma das vozes isoladas na crítica ao plano, ficou sem espaço político e sem chance de eleger seu sucessor, Darcy Ribeiro. O Rio agora seria governado por Moreira Franco, o mesmo que havia sido derrotado por Brizola quatro anos antes e que, de volta ao ninho peemedebista, saía vitorioso nas urnas.

As apurações – mais lentas naqueles tempos de voto em papel – nem bem haviam sido concluídas e o Plano Cruzado já naufragava. O congelamento de preços inibia o movimento natural da economia. Produtos e serviços começaram a escassear. Os que estavam à disposição dos compradores apareciam no mercado negro e, por isso, o ágio tomava conta dos negócios, a economia entrava em colapso e a inflação voltava a disparar. Menos de uma semana depois das eleições, o governo lançava o Plano Cruzado II. Sem força política e sem credibilidade junto ao povo, o governo Sarney começava ali sua melancólica e lenta despedida. E o Plano Cruzado entraria para a história como um dos maiores exemplos de estelionato eleitoral no Brasil.

No *Pasquim*, o retrato do caos que se instaurara seria a capa da edição 923, de 19 a 25 de março de 1987, com os novos governadores recém-empossados. A primeira página do jornal era toda tomada por uma foto de Jaguar com uma cobra enrolada no pescoço. Na manchete, a explicação: "Querem estrangular o *Pasquim*". Sig, que repousava no copo que o cartunista segurava na mão direita, completava: "Em plena Nova República". No editorial da página 3, "Saudades da ditadura", Jaguar seria ainda mais explícito. "O jogo da ditadura era mais aberto. Eles prendiam e arrebentavam, não eram chegados a sutilezas", saía dizendo. Para ele, agora, a Nova República era "mais sofisticada. Manda as contas e depois ameaça levar a protesto". Em sequência, o cartunista elencava o sumiço dos anunciantes, os aumentos de mais de cem por cento dos serviços gráficos e o alto custo do papel, que subia toda semana. "E é só o Klabin que fornece papel no Brasil. Não adianta você dizer 'vou mudar de fornecedor', só tem o Klabin. Por quê? Só o Sombra sabe."

Lembrando os jornais contemporâneos que já haviam desaparecido – *Opinião*, *Movimento*, *Repórter*... –, Jaguar classificava o *Pasquim* como o último dos moicanos e comparava a ditadura com o então governo dando o seu diagnóstico final: "A ditadura queria cortar a nossa cabeça, a Nova República quer nos enforcar".

O fato é que mesmo diante dos fracassos econômicos e das crises governamentais, o que também representava boa parte dessa decadência era um fator que Jaguar se negava a admitir: editorialmente, o *Pasquim* havia mesmo perdido a relevância. Suas páginas eram ocupadas por nomes pouco conhecidos, escrevendo textos desinteressantes ou até mesmo sem o charme e as bossas dos antigos colaboradores.

Rara exceção seria a edição 979, já no embalo da contagem regressiva para as comemorações do milésimo exemplar. A noção de que aquele era um exemplar diferente começava por Sig exultando na capa: "O impossível acontece nesta edição". Era acompanhado de um outro desenho que avisava: "Compre depressa: esta vai ser a figurinha difícil da nossa coleção".

Parecia um *Pasquim* dos velhos (e bons) tempos, anunciando na primeira página as presenças de Fortuna, Tarso de Castro, Luiz Carlos Maciel, Ziraldo, Fausto Wolff, Ivan Lessa, Millôr Fernandes, Henfil, Jaguar, Vinicius de Moraes, Glauber Rocha, Sérgio Cabral, Rubem Braga, Paulo Francis, Flávio Rangel e Sérgio Augusto. O leitor que tivesse eventualmente se animado em ter contato com material novo, ou pelo menos inédito, já ficaria desconfiado – pelo menos dois dos colaboradores anunciados, Vinicius de Moraes e Glauber Rocha, já estavam mortos – e, logo depois, parcialmente decepcionado. Na página 2, Jaguar admitia a mentira ou, pelo menos, a pegadinha. O material oferecido era todo composto por antigas matérias. E pior: sem a indicação de quando haviam sido publicadas originalmente. O *Pasquim*, que tanto precisava do apoio e da cumplicidade de seu leitor, agora se divertia enganando-o.

Seria um dos últimos exemplares com Jaguar como diretor-presidente. No mesmo editorial em que o cartunista escancarava o drible nos leitores, ele também explicava que tal descanso era necessário para que a turma preparasse o novo *Pasquim*. O fênix nanico, com a tiragem caindo vertiginosamente, rondando os 3 mil exemplares, se preparava para tentar renascer pela última vez – e novamente com troca de comando na direção.

Em 1988, um ano antes da eleição presidencial, com o *Pasquim* sem aliados no governo estadual (comandado agora por Moreira Franco), tampouco no federal (com José Sarney), o jornal se via asfixiado e sem ter a quem recorrer em busca de oxigênio. Era a falência do projeto surgido duas décadas antes. O que se vislumbrava como única salvação seria a venda das ações ao empresário João Carlos Rabello. Jornalista e ex-colaborador do *Pasquim* na área editorial e comercial, Rabello acreditava ser possível profissionalizar o jornal e deixar a empresa sem dívidas – ou pelo menos com dívidas assentadas num patamar aceitável. Era preciso acertar a situação. Já conhecido dentro do jornal por desempenhar a função de representante comercial para o Rio de Janeiro, São Paulo e Brasília, Rabello, antes de se vincular ao *Pasquim*, trabalhou em *O Globo*, na TV Globo, na Rádio *Jornal do Brasil*, e colaborou com o jornal *Folha de S. Paulo* e com as revistas *Veja* e *IstoÉ*. A primeira e talvez mais básica de suas decisões a partir daquela etapa era definir a periodicidade. Na época, o *Pasquim* deixava qualquer um que se dispusesse a segui-lo completamente louco, já que às vezes era publicado semanalmente e noutras, quinzenalmente. Para se ter uma ideia da maluquice do cronograma, o *Pasquim*, até o número 970, continuou a ser semanal, o que se manteve nos meses de março e de abril. De maio a agosto, o jornal saiu quinzenalmente. Em setembro, apenas um número foi editado. Em outubro, o jornal voltou a ser quinzenal e, por fim, em novembro, passou a ser editado semanalmente. Até quando? Ninguém saberia responder.

O anúncio da troca de comando foi feito em partes e em grande estilo. A capa da edição 984, de 31 de agosto de 1988, era toda ocupada por um imenso Sig comemorando de braços abertos e gritando: "Este é o último Pasquim". Logo abaixo, em letras menores, seguindo uma velha estratégia do jornal, a explicação: "Antes da nova fase". O novo proprietário, que teria seu nome no alto do expediente, era Rabello. O endereço, na Rua da Carioca, permaneceria igual. Porém, no mesmo expediente, uma novidade: morria a Editora Codecri, e em seu lugar surgia a Editora Siguim.

No editorial em que se apresentou, no *Pasquim* número 986, de 13 de outubro de 1988, Rabello se explicava com a declaração "Por que comprei o *Pasquim*". E dizia: "Comprei o *Pasquim* porque acredito que é uma publicação absolutamente viável e dá para ganhar algum dinheiro. Não vai ser muito, mas pelo menos dará para pagar os fornecedores e os salários dos colaboradores. (...) Como disse, não sou herói, nem mártir. Quero ganhar dinheiro, mas dentro da minha fachada de empresário bate um coração de jornalista que entre os seus orgulhos está o fato de incluir no currículo a condição de ex-colaborador do *Pasquim*".

O *Pasquim* entraria no último ano da década comemorando já em janeiro a tão aguardada milésima edição. Bem cuidado editorialmente, em especial se comparado com o que vinha sendo feito até então, o número 1000 trazia uma entrevista de destaque não com algum nome único – "no mínimo tinha que ser o papa ou o Gorbachov", explicava o editor na abertura –, mas com um debate reunindo vários representantes de peso. O homenageado maior era Barbosa Lima Sobrinho, então presidente da Associação Brasileira de Imprensa e um dos símbolos do jornalismo nacional, pelo menos desde 1915, quando entrara pela primeira vez em uma redação. Na conversa, ele estava acompanhado pelo filólogo Antonio Houaiss, por outro Antonio, o Callado, jornalista e escritor, pelos agitadores culturais Perfeito Fortuna e Albino Pinheiro, pelo sociólogo Betinho, pelo compositor Gilberto Gil, pela líder feminista Rose Marie Muraro e pelo jornalista e velho pasquineiro Fausto Wolff. Dois nomes destoavam do *dream team* montado pelo jornal: os pouco conhecidos publicitários Caio Domingues e Paulo de Tarso.

Com 32 páginas, o milésimo jornal foi vitaminado por anúncios grandes (do Banco do Brasil, com dois de meia página; do Banespa, da Secretaria Estadual da Fazenda do Rio de Janeiro, do Banco Nacional de Crédito Cooperativo, da Goodyear, da Nossa Caixa, do governo de Minas Gerais, e mais SBT, Ministério da Agricultura e governos de Pernambuco e da Bahia, estes quatro ocupando páginas inteiras) e por colaboradores relevantes: Moacir Werneck de Castro, Joel Silveira, Aldir Blanc e Nássara. No estilo vale a pena ver de novo, o número 1000 recuperava o Tarzan do pôster dos pobres de Ziraldo e as capas das edições especiais do número 100 ao 900.

Poucas semanas depois da grande comemoração do *Pasquim* especial, o texto que chamaria atenção seria um relato de Jaguar sobre o filho desaparecido. Pedro Savary Jaguaribe, filho dele com Olga Savary, tinha esquizofrenia e havia fugido da clínica da Gávea. De lá teria conseguido ir até Brasília e depois até Belém do Pará. Localizado, Pedro, que negava ser quem era, conseguiu ser embarcado com acompanhante em um avião com destino ao Rio. A chegada, prevista para o Galeão, não ocorreu. Pedro conseguira fugir numa das escalas do voo, em Belo Horizonte. Pedro, na época com 31 anos, morreria dez anos depois em Natal.

O *Pasquim* que chegava à milésima edição mirando o número 2000 poderia até sonhar que teria um papel decisivo na eleição presidencial no ano seguinte, postando-se na oposição ao candidato que viria a ser o vencedor, Fernando Collor, do PRN, filho de um ex-senador arenista. Mas o que a edição deixava claro era que o futuro não seria risonho e que o *Pasquim* tinha apenas um grande passado pela frente.

*   *   *

A longa travessia democrática teria seu final em novembro de 1989. A ditadura instalada a partir de 1964 havia suprimido as eleições presidenciais previstas para o ano seguinte. Também havia perseguido, cassado os direitos políticos e mandado para o exílio personagens fundamentais da vida política brasileira, que teriam atuação decisiva naquele pleito, como João Goulart, Juscelino Kubitschek, Carlos Lacerda, Miguel Arraes e Leonel Brizola. A barra ficaria igualmente pesada logo a seguir, com o AI-5, em 1968, e as prisões e torturas do começo dos anos 1970. Já, então, o *Pasquim* seria testemunha e protagonista do que aconteceria no país, como a avalanche oposicionista em 1974, a consolidação do crescimento eleitoral oposicionista em 1978, o retorno dos exilados no ano seguinte e as eleições governamentais e o pluripartidarismo do começo dos anos 1980.

As eleições diretas para presidente deixariam de ser uma miragem e ficariam mais concretas com a volta dos que foram anistiados em 1979.

Ainda assim, as diretas não seriam completas em 1982, nem em 1984 – quando houve a maior mobilização popular da história do Brasil, frustrada pela recusa da Câmara dos Deputados em aprovar a emenda Dante de Oliveira –, tampouco em 1985, com a eleição da chapa Tancredo Neves-José Sarney pelo colégio eleitoral.

O destino político brasileiro reservaria uma última pirueta: a morte de Tancredo, antes de assumir a presidência, com a posse de seu vice, José Sarney, até poucos meses antes presidente nacional do PDS, partido que havia sucedido a Arena na função de defender a ditadura militar.

Porém, em 1989 as diretas eram uma realidade. Os principais partidos chegavam àquele ano com a possibilidade de apresentar seus melhores representantes. No total, eram 22 candidatos. Pelo menos metade da nominata era composta por candidatos sem representatividade alguma. Mas, dos que estavam na disputa para valer, fosse pela força partidária, fosse pelo carisma pessoal, havia nomes históricos (Ulysses Guimarães pelo PMDB, Leonel Brizola pelo PDT, e Mario Covas pelo PSDB, então uma recente dissidência peemedebista) e novas lideranças (Fernando Gabeira pelo Partido Verde, Roberto Freire pelo reabilitado Partido Comunista Brasileiro, e a maior delas, Lula, pelo já forte PT). Até mesmo a ditadura, que já um pouco definhara, teria no pleito representantes que haviam crescido politicamente durante seu período, como Paulo Maluf pelo PDS, e os mais dissidentes, Aureliano Chaves pelo PFL, e Guilherme Afif Domingos pelo PL.

Quem, no entanto, dispararia ao longo da campanha, transformando-se em poucos meses de aventura folclórica em um candidato com reais chances de êxito era Fernando Collor de Mello. Com um estilo arrojado, quase beirando a arrogância, e um discurso veemente de combate às vantagens e aos privilégios, Collor de Mello esquecia que suas raízes estavam cravadas nesse pântano e se apresentava como a renovação. Aos 40 anos, que completaria pouco antes do primeiro turno, Collor de Mello era a surpresa, o então governador de Alagoas, ocupando mais de três décadas depois o cargo que havia sido de seu pai, Arnon de Mello. O mesmo pai que fora decisivo na entrada do filho na política, indicando-o para o cargo de prefeito de Maceió, ao qual ele seria eleito indiretamente em 1982. Collor era o fenômeno daquela eleição, e o *Pasquim*, tão ativo e decisivo em disputas anteriores, chegaria enfraquecido em 1989.

Para se ter uma ideia da irrelevância a que o *Pasquim* havia chegado, a edição do final de agosto de 1989, pouco mais de dois meses antes das eleições, tinha como entrevistado o comunicador Faustão, já na época apresentador da principal atração dominical da Rede Globo. Comentários, análises, prognósticos e entrevistas com os principais candidatos inexistiam nas páginas da edição. Sig havia deixado de simbolizar a figura de um escrachado cabo eleitoral para se tornar o propagandista de um programa televisivo.

CAPÍTULO 6

O ÚLTIMO SUSPIRO DE SIG

A fraqueza do desempenho editorial do *Pasquim* no período eleitoral de 1989 – e de leitores, que já se acumulava havia alguns anos – se evidenciaria ainda mais em 1990. Com Collor de Mello na presidência, cercado por personagens no mínimo curiosos, como Zélia Cardoso de Mello, Bernardo Cabral, Antonio Magri e ainda os futuramente explosivos Cleto Falcão, Renan Calheiros, o irmão Pedro Collor e PC Farias, o jornal não saberia explorar e fotografar o que havia de ridículo na nova corte de Brasília.

A magnífica inspiração que os novos personagens poderiam fornecer não fora bem aproveitada pelo *Pasquim*. O jornal havia perdido o pique. Havia também ficado comprometido demais. E, por fim, descambara para o grotesco, o apelativo. Não foram poucas as páginas tomadas por um humor chulo, óbvio, exagerado e com palavrões desnecessários.

O *Pasquim* que havia ensinado pelo menos uma geração de jornalistas a escrever – inclusive com a criação de neologismos – agora desaprendia e até involuía.

Ainda atrelado a Leonel Brizola, que havia ficado em terceiro lugar na eleição presidencial, distante do segundo turno, o *Pasquim* via no líder trabalhista uma de suas últimas âncoras. Colocando-se na oposição imediata a Collor, Brizola despontava como candidato favorito a retornar ao Palácio Laranjeiras naquele ano. O otimismo era tamanho que até Fausto Wolff, animado com as perspectivas eleitorais, colocou seu nome à disposição para formar a nominata de candidatos a deputado federal. Sua candidatura foi lançada numa página inteira na edição número 1044, de julho de 1990. No texto, Wolff lembrava logo no início que ele e Jaguar foram dos primeiros a se engajarem na campanha de Brizola em 1982, que ele havia fracassado na sua tentativa anterior de concorrer por uma confusão feita com seu nome verdadeiro (Faustino Wolffenbüttel) e que por causa de suas posições políticas havia sido demitido da TV Bandeirantes, onde fazia um comentário político, tão logo Collor tomou posse. Agora, acreditava Fausto Wolff, as coisas seriam diferentes, e ele via com grandes chances o seu sucesso nas urnas. Mas suas esperanças não se confirmariam. Concorrendo pelo PDT, Wolff não se elegeu. Brizola, sim, seria reeleito e, no governo, se aproximaria de Collor.

O *Pasquim* entraria em seu último ano já sendo uma pálida imagem do que havia sido. A primeira edição de 1991 trazia a foto de um casal nu não identificado e que recuperava na manchete um lema com mais de duas décadas de existência: "Faça amor antes que façam a guerra". No expediente, apenas sete nomes. Um diretor-presidente, João Carlos Rabello, um editor, Jaguar, e mais um diagramador, um diretor de arte, dois revisores e um secretário gráfico. A redação era numa casa na Rua da Carioca. A entrevista principal, sem o mesmo peso e o mesmo charme das históricas entrevistas, era com Albuíno Azeredo, recém-eleito governador do Espírito Santo pelo PDT e político sem grande expressão nacional. Dela participavam Jaguar, Rabello, Fausto Wolff, Milton Coelho da Graça, Paulo Branco e Chico Caruso. Nas páginas seguintes, colunas de Fausto Wolff, Jaguar, Luis Pimentel, José Augusto Ribeiro, Paulo Malária, Fernando Vita e novamente Fausto Wolff, agora sob o pseudônimo de Nataniel Jebão, seu alter ego colunista social. Numa campanha para conquistar novos assinantes, o jornal lança o *slogan* "Tem gente que lê o Pasquim...", ilustrado com uma foto de Luís Carlos Prestes lendo o jornal, seguido da frase "...tem gente que não", em que o jornal sacaneia um importante ex-colaborador: a foto que ilustra é de Paulo Francis. Na edição, recuperaria ainda um texto de Tarso de Castro publicado em seu livro recentemente lançado, *Pai Solteiro e Outras Histórias*, em que ele homenageava Leila Diniz.

O processo de reabilitação da imagem de Tarso de Castro como figura de primeira grandeza na história do *Pasquim* seria ampliado menos de seis meses antes, na edição 1065, de 31 de maio a 14 de junho de 1991. Nela, o *Pasquim* fazia as pazes e se despedia de um de seus símbolos. Tarso de Castro, que havia morrido poucos dias antes, foi o tema de capa daquele exemplar. No destaque, uma foto antiga do jornalista ao lado de Roberto Carlos. Os dois cabeludos, sendo que Tarso era o "outro cabeludo na sua rua", a que o cantor se referia em *Detalhes*. Ao lado, a chamada: "Num país sem memória e sem caráter, a nossa homenagem a um grande jornalista". No alto, ao lado do logotipo, Sig comemora o que seria o último aniversário: "Na próxima edição, 22 aninhos do Pasca". Além da capa, seis páginas internas, das vinte do jornal, foram dedicadas a Tarso de Castro. As quatro primeiras faziam parte de uma entrevista feita por um jovem repórter, José Mariano Boni, para uma tese que preparara quando se formava em Jornalismo na USP. O tema era a eterna dificuldade que enfrentam os que defendem uma imprensa independente no país. A conversa, regada a muito uísque, tomou toda uma tarde e ocorreu em uma das bases de Tarso em São Paulo, o bar do Esplanada Grill.

Ilustrada com fotos antigas, a entrevista era quase toda centrada na experiência mais recente de Tarso de Castro, *O Nacional*. O *Pasquim*, nas perguntas do repórter e nas palavras de Tarso, entrou apenas uma vez só na conversa, em resposta a uma pergunta sobre jornalismo independente. Logo depois, Tarso citaria o jornal *en passant*, ao lembrar o seu currículo de criador de publicações. Estavam lá *Panfleto*, *Pasquim*, *JA*, que ele considerava seu melhor jornal, *Careta*, *Enfim*, *Folhetim* (o único que não era independente), e, por fim, *O Nacional*, em que na resposta ele reconhecia ter recebido grande ajuda dos então governadores Leonel Brizola, do Rio, e Franco Montoro, de São Paulo, além do ex-prefeito carioca Saturnino Braga.

A reportagem-homenagem era acrescida de textos do cartunista Luscar, que definia Tarso como sendo "sutil como um trator", de Martha Alencar, que elencava as "loucuras editoriais" que "cometeram" juntos, e de João Carlos Rabello, então diretor-presidente do *Pasquim*. Em seu depoimento, Rabello revelou que quando assumiu o *Pasquim*, em 1988, pensou imediatamente em Tarso. Chegaram a marcar uma conversa na Churrascaria Plataforma, outro QG do jornalista, mas não a se acertar sobre um possível retorno do jornalista ao jornal que havia ajudado a criar. Rabello lembrou ainda o último encontro dos dois, na sessão de autógrafos de *Pai Solteiro e Outras Histórias*, único livro lançado por Tarso. Na dedicatória estava escrito: "Pro amigo João Carlos que tem a barra de continuar o *Pasquim*". E a barra estava pesada mesmo.

A edição especial se completava com a reprodução de um texto do próprio Tarso, retirado do Pasquim número 6, de agosto de 1969, em que o autor perguntava: "O ser humano já chegou à Lua?". Ao lado, um depoimento de Jaguar, que o classificava como "Meu John Wayne predileto". Jaguar começava contando algo que não era novidade para ninguém: "Todos os amigos do Tarso têm algo em comum: brigaram com ele um porrilhão de vezes. Azar de quem estava brigado com ele quando morreu: nunca mais, disse o corvo, poderá fazer as pazes". Em seguida Jaguar lembra o episódio do anúncio fúnebre que Tarso fez com seu nome. Recorda ainda as disputas etílicas que os dois enfrentaram – inclusive de uma delas que fez com que chegasse completamente bêbado para uma conversa com Otávio Frias Filho, e por isso, acreditava ele, não foi contratado para trabalhar na *Folha de S. Paulo* – e até da tentativa que fez de doar sangue a Tarso numa das últimas internações dele na Casa de Saúde São Vicente. O médico, prudentemente, recusou a oferta.

O tom fúnebre que tomava conta da edição dedicada a Tarso de Castro apenas refletia o clima pesado que rondava o *Pasquim*. Cinco edições antes, a de número 1060, em março do mesmo ano, a morte também estava estampada na capa do jornal. "Máfia de Branco mata Nelma do *Pasquim*". Aos 55 anos, Nelma Quadros, já fora da equipe e trabalhando para o deputado estadual Eduardo Chuahy, machucou-se ao levar um encontrão de uma pessoa que descia correndo pela porta de um ônibus. A esfolada no joelho foi tratada por um médico do Hospital de Ipanema, que fez uma sutura e a liberou sem aplicar a vacina antitetânica. Dias depois já com os sintomas da doença, Nelma foi levada pela mãe ao Hospital Santa Terezinha, na Tijuca. Lá disseram que ela estava com um problema no sistema nervoso. Dias depois ela foi internada no Hospital Panamericano, onde entrou em coma e morreu.

Com essas duas mortes, o jornal chegava ao seu final de maneira melancólica. O *Pasquim* daria seu último suspiro com a edição 1072, publicada em 11 de novembro de 1991. Morreria vítima de insuficiência de anunciantes, de colaboradores de peso, de leitores e de credibilidade. Depois de ter enfrentado a ditadura, superado toda sorte de adversidades, o jornal sucumbiria à própria irrelevância. Teve vida mais longa do que o governo militar que tão bem combateu – 22 anos contra 21 dos milicos – e veio a desaparecer em pleno período democrático, já durante o mandato de Fernando Collor, primeiro presidente eleito depois de 29 anos sem eleições diretas. Nesse meio tempo, o *Pasquim* foi ainda testemunha da campanha das Diretas, da esperança e da agonia de Tancredo Neves – que acabou não assumindo, abrindo espaço para José Sarney – e de dezenas de planos econômicos fracassados. E veria seus ensinamentos serem copiados e aperfeiçoados pelas novas gerações, como a de Reinaldo, Hubert e Claudio Paiva, egressos do jornal e criadores do *Planeta Diário*, em 1985. E, num estranho baile de adeus, o *Pasquim* ainda desfilaria um ano antes na passarela do sambódromo, no Carnaval de 1990, como tema da escola de samba Acadêmicos de Santa Cruz, com o enredo "Os Heróis da Resistência". Não houve resistência. A escola acabou em 15º lugar. E foi rebaixada.

CAPÍTULO 7

EXISTE VIDA DEPOIS DA MORTE?

Menos de uma década depois, o *Pasquim* ensaiaria um retorno em busca do leitor perdido. Viria num novo formato, agora como revista, com todas as páginas coloridas e com um nome de gosto tão duvidoso quanto comercialmente ineficaz: *Bundas*. A publicação surgia em resposta ao momento editorial vivido na época. A partir do surgimento da *Caras* e de uma série de revistas que exploravam o filão da superexposição, da fama efêmera e das celebridades instantâneas, *Bundas* chegava com a missão de expor o que havia de mais ridículo nessa tendência. Seu *slogan* era bom: "Quem mostra a bunda em *Caras* não vai mostrar a cara em *Bundas*".

O lançamento de *Bundas* foi no mesmo mês de junho que tanta sorte havia dado ao *Pasquim* nos seus primeiros anos de vida. O local foi igualmente grandioso, uma famosa churrascaria da zona sul do Rio de

Janeiro, por onde passaram mais de 200 convidados, com direito até a uma roda de samba comandada pelo ex-pasquineiro Aldir Blanc e pelo sambista Walter Alfaiate. Ziraldo, um dos mais animados em reviver o velho *Pasquim* de guerra, explicava à reportagem do jornal *O Estado de S. Paulo*: "Os tempos de hoje são melhores que aqueles para fazer humor, porque agora temos a hipocrisia e o cinismo como matéria-prima".

Entre picanhas e chopes, linguiças e uísques, estavam na festa ex-editores do *Pasquim* (Fausto Wolff, Sérgio Augusto, Nani, Jaguar, além do anfitrião, Ziraldo) e também discípulos e seguidores (Luis Fernando Verissimo, Reinaldo, Marcelo Madureira e Hubert). A data de capa escolhida para o primeiro exemplar foi 19 de junho de 1999, uma semana antes do aniversário de 30 anos do *Pasquim*.

Como o *Pasquim* dos bons tempos, *Bundas* chegava com tiragem semanal. Alfinetando *Caras*, a concorrente que até então não tomava conhecimento da competição, a primeira página do número um trazia o aviso: "Não contém piscinas, jacuzzis, alcovas, nem peruas". Logo abaixo, a foto de uma bunda adornada com uma máscara negra. E no destaque: "A nata do humor e do jornalismo brasileiro está dentro. Paguem pra ver!". Quem se dispôs a pagar os R$ 2,90 do preço (promocional) de capa encontrou logo de imediato cartuns de Ziraldo e de Jaguar, duas páginas de Millôr Fernandes e Luis Fernando Verissimo, esta última como editorial, e uma entrevista de quatro páginas com o inesgotável Barbosa Lima Sobrinho. Em outras duas páginas, Ziraldo explicaria que "a gente está fazendo questão de não associar *Bundas* ao *Pasquim*, mas tem certas coisas que não dá (ou será que é que não dão?) pra resistir". Na sequência, Ziraldo recupera um texto escrito pelo então suplente de senador por São Paulo, Fernando Henrique Cardoso. Em janeiro de 1982, Fernando Henrique, num dos trechos ressaltados por Ziraldo, escrevia que "Está ficando difícil de manter a coerência". O Fernando Henrique de quase duas décadas depois já era presidente em seu último mandato e um dos alvos preferidos dos humoristas e comentaristas da revista. Pelas páginas seguintes desfilariam muitos ex-*Pasquim*: Sérgio Augusto, Nani, Miguel Paiva, Ruy Castro, Tárik de Souza, Jô Soares, Aldir Blanc... No final, uma seção chamada Bundalelê com indesmentíveis pontos de semelhança com as Dicas do *Pasquim*.

Setenta e sete números depois, desidratada de anunciantes e leitores, a revista em sua contracapa exibe um texto-resposta de Ziraldo. O cartunista ficara indignado com uma reportagem do *NO.*, *site* editado por Marcos

Sá Corrêa, Flávio Pinheiro, Xico Vargas e Dorrit Harazim (todos ex-*Veja* e ex-*JB*), que falava no fim de *Bundas*. "A primeira coisa que dissemos ao repórter do *NO.* (não é um jornal japonês) foi que *Bundas* não iria acabar." O texto seguia em tom debochado para rebater a reportagem que previa "o fim de *Bundas*". Ziraldo minimizava o *site* ("não é uma negativa do que seja imprensa") e, mais ainda, as evoluções tecnológicas que já mudavam a cara do jornalismo mundial ("Mas o NO. que pode ser visto na *internet*, onde se escondeu do mundo"). Apesar do editorial e do desmentido de Ziraldo, *NO.* estava certo. *Bundas* acabaria em 2001 depois de 77 edições.

Em 2002, nova tentativa, agora mais explícita na referência original e, por isso mesmo, mais constrangedora. Ziraldo e seu irmão Zélio Alves Pinto lançaram uma nova edição de *O Pasquim*, renomeado *O Pasquim 21*. De novo, apenas o restabelecimento do artigo antes do nome, talvez numa esperança numerológica de reprisar um antigo sucesso. De formato *standard*, como os jornais tradicionais, com 44 páginas no número de abertura, *O Pasquim 21* reconhecia que *Bundas* tinha fracassado em grande parte por causa do nome, que afastava eventuais anunciantes. Agora, Ziraldo dedicava maior carinho ao mercado publicitário, sugerindo até a criação de anúncios personalizados para os clientes que se interessassem pela nova publicação.

Se em *Bundas* Ziraldo havia saído com uma dívida tremenda e com a colaboração restrita de parceiros de imprensa, como Millôr Fernandes, agora o cartunista sequer contaria com o apoio do colega de ofício e sócio na última aventura. Jaguar não apenas não participou, como teria ficado furioso com a reutilização do nome original. Esta versão também teve vida curta e deixou de ser publicada em meados de 2004.

Ziraldo não desistiria. Em 2005 ele faria mais uma tentativa. Agora abrigado no *Jornal do Brasil*, tradicional diário carioca que quatro anos antes havia saído das mãos da família Nascimento Brito para se tornar parte do império empresarial de Nelson Tanure, o *Pasquim* surgia camuflado. O editor era Ziraldo, a redação reunia alguns remanescentes do *Pasquim*, mas na capa o nome agora era de um outro símbolo da imprensa brasileira: o Caderno B.

De novo um *slogan* criativo anunciava um produto não muito bem definido. O conceito do novo espaço editorial, o "Novo B", era apresentado como "Vem aí o *Jornal do Brasil* com Z", ressaltando a letra que identificava seu criador. No editorial de apresentação, em maio de 2005, Tanure falava dos 115 anos de história do *Jornal do Brasil*, exagerava na responsabilidade – "Como jornal que é a cara desta cidade, deste estado, deste Brasil, o *JB* tem uma missão a cumprir" – e apresentava o que seria a "Unidade B" de conteúdo, uma editoria comandada por Ziraldo, tendo consigo Aldir Blanc, Marina Colassanti, Mauro Santayana, Fausto Wolff, Maria Lucia Dahl, Reynaldo Jardim, Luís Pimentel... Nada deu certo.

Foi a terceira e última frustração com a intenção de fazer renascer o que já havia morrido há muito tempo.

CAPÍTULO 8

DEPOIS DO PASQUIM

Tarso de Castro

Ainda nem havia se recuperado da ressaca de sua saída do *Pasquim* e Tarso de Castro já estava envolvido em outra aventura jornalística. Ao lado da mulher, Barbara, e dos fiéis escudeiros Martha Alencar, Ronaldo Bôscoli e Luiz Carlos Maciel, Tarso embarcou no *JA – Jornal de Amenidades*. Mais arrevistado do que o *Pasquim*, o *JA* estrearia em junho de 1971 – exatamente dois anos depois do lançamento do *Pasquim* – com Elis Regina na capa e em mais seis páginas internas. Como nas revistas, o *JA* não trazia outras manchetes na capa, privilegiando um único assunto. Era também um tabloide, com as folhas dobradas ao meio, sem grampos. Num editorial perdido lá pela página 26, a equipe apresentava suas credenciais: "Nós resolvemos fazer um jornal novo. Coisa difícil neste país. Por isso mesmo passamos meses trancados numa sala discutindo muito. O pau comeu entre nós. Discutimos de novo. Trocamos ideias, conceituamos pacas. Não era nada disso. O jornal tinha que nascer das necessidades do público. Sabemos que temos um público mais ou menos definido: gente nova, ou que aceita ideias novas..."

Em épocas de tensionamentos políticos, o *JA* – como o próprio nome dizia – amenizava, oferecendo ao leitor textos descontraídos e análises rápidas sobre música, teatro, cinema e até publicidade. O *JA* foi também um dos pioneiros na imprensa brasileira na valorização do jornalismo de serviços, com dicas de consumo, quase sempre seguindo a linha idiossincrática de seu editor. Por exemplo, nesse mesmo número 1 havia uma reportagem com a ficha técnica do King's Motel, na época um dos mais badalados do Rio de Janeiro. O serviço detalhava a apresentação dos quartos e do cardápio, e ainda dava um conselho aos eventuais clientes: "Desista de roubar a toalha da casa (linda). Dá bolo. No tempo em que você percorre o terreno de carro até atingir a portaria para se mandar com o *souvenir*, os caras vasculham o quarto e imediatamente cantam o macaco para a portaria: 'Senhor, com toalha é mais 20 contos'". Outra irreverente seção era a Placar Social, em que a equipe do *JA* fazia o levantamento das pessoas citadas nas colunas de Zózimo, Ibrahim Sued, Carlos Swann, Daniel Más e Germana de Lamare, e também o Retrato do Consumidor (que anos depois seria copiado pelo *Jornal do Brasil* com a coluna Perfil do Consumidor), em que uma celebridade (no caso do nº 1 foi Jorginho Guinle) revelava seus hábitos de consumo. No elenco de colaboradores, o *JA* trazia ainda Antonio Bivar, Sérgio Augusto, Antonio Calmon, Capinam, Chacrinha, Danuza Leão, Maria Bethania e Pinky Wainer (filha de Samuel e de Danuza). E, numa fase pré-redes sociais, o *JA* abria espaço para a interação entre leitor-celebridade, sugerindo que fossem enviadas à redação uma carta pessoal a um ídolo, e que na edição seguinte a resposta seria dada – no caso dessa primeira seção, Elis Regina também seria a protagonista.

Bem ao seu estilo de ironizar a si mesmo e de escrever o contrário do que verdadeiramente queria dizer, Tarso de Castro, num dos editoriais do novo jornal, dizia aos amigos e leitores que estava proibindo que eles torcessem pelo sucesso do empreendimento. Na mesma linha de escrever o que não estava pensando, o poeta Torquato Neto entrou no deboche e escreveu em sua coluna na *Última Hora* que iria desobedecer à ordem de Tarso. "Torço porque simpatizo, só. Agora a revista está melhorando, está se abrindo para poder dar pé. Vai dar pé quando mudar mais ainda, quase completamente. E se antes eu torcia muito mais calado, agora vou torcer daqui mesmo: muda, muda, muda."

Como quase todos os projetos bolados por ele, *JA* também teria as duas características que acompanhariam Tarso em toda a sua carreira: sucesso imediato e curta duração. O *JA* durou só três meses e apenas 11 edições. Em seguida, Tarso seria chamado por Otávio Frias e voltaria a se vincular a uma grande empresa, no caso, a *Folha de S. Paulo*. Estabelecido na capital paulista, Tarso assumiria a edição do *Folhetim*, quase um outro jornal encartado dentro de um jornal maior. A primeira edição saiu em 23 de janeiro de 1977, antevéspera do aniversário de 50 anos de Tom Jobim, não por acaso o personagem homenageado na capa. Anunciado na primeira página do jornal como sendo uma "revista em cores na Folha aos domingos", o *Folhetim* trazia um panorama geral da indústria cultural (cinema, música, televisão, *shows*...), além de grandes entrevistas (como a que abria o caderno) e comentaristas (o mais importante deles seria Paulo Francis, outro representante dos primeiros anos de *Pasquim*). Novamente Tarso teria uma vida jornalística efêmera e já em 1978 estaria fora do *Folhetim*.

A próxima parada seria no *Enfim*, novo projeto editorial com inegáveis sinais de parentesco com o *Pasquim* e com o *JA*. Favorecido pelos ventos libertários que começavam a soprar no Brasil, Tarso sintonizou seu novo jornal com o período de abertura política. Seu personagem favorito seria Leonel Brizola, talvez o mais aguardado entre os exilados (João Goulart havia morrido no exílio argentino em dezembro de 1976), e com certeza seria o candidato preferido de Tarso para ocupar a Presidência da República, caso se confirmasse a volta das eleições diretas.

Dessa forma, Tarso colocou seu veículo de informação na linha de frente no apoio aos que retornavam. A capa do número 1 do *Enfim* trazia a foto de Brizola ao lado da mulher, Neuza. O mais surpreendente era a autora da foto: Candice Bergen, atriz americana e na época namorada de Tarso, a quem ele mentira ser "um ex-guerrilheiro que entrou em Havana ao lado de Che Guevara". Ela não apenas acreditou como reproduziu a mentira em sua autobiografia. Na verdade, o mais próximo que Tarso havia estado de Che foi em 1961, quando, ao lado de Flavio Tavares, cobriu pela *Última Hora* a conferência econômica e social da Organização dos Estados Americanos (OEA) em Punta del Este, no Uruguai.

No final dos anos 1970, a anistia chegou e os exilados voltaram – Brizola entre eles –, mas nem o *Enfim* teve vida longa, nem as eleições presidenciais pelo voto direto se confirmaram de imediato. Tarso, porém, pôde exercitar suas paixões políticas ajudando na inesperada vitória de Brizola ao governo do Rio de Janeiro em 1982 – uma campanha que nasceu minguada e que deu ao ex-governador gaúcho um de seus êxitos mais consagradores.

Depois da fase áurea na *Folha de S. Paulo* e de uma passagem curta e conturbada pela *Tribuna da Imprensa* – jornal de Hélio Fernandes, irmão de seu inimigo Millôr –, Tarso embarcaria em seu último delírio: recriar nacionalmente (com trocadilho, por favor) o jornal inventado por seu pai, *O Nacional*.

Com o apoio de Brizola e Montoro, o jornal teria redações em São Paulo e no Rio, reunindo entre os colaboradores velhos amigos, como Eric Nepomuceno, Palmério Dória, Maria Lúcia Dahl e os ex-*Pasquim* Luiz Carlos Maciel e Jaguar. Na página 3, Tarso de Castro ocupava o alto da página, onde pilotava a coluna em que acertava as contas com seus desafetos, uma lista infindável que ia de José Sarney a Roberto Marinho, de Moreira Franco a Aureliano Chaves, de Jânio Quadros a Delfim Netto. Quando estava na fase "paz & amor", enchia de elogios seus personagens preferidos: Leonel Brizola, Darcy Ribeiro, Paulo Cesar Pereio, Caetano Veloso, Tom Jobim e Chico Buarque.

Pouco antes de lançar *O Nacional*, Tarso viveria com a fotógrafa Gilda Barbosa um de seus relacionamentos mais longos. Com ela teria o filho João Vicente (hoje ator de novelas na Globo e um dos sócios do canal de humor *Porta dos Fundos*), nascido em março de 1983.

A paternidade parecia ter lhe dado uma certa calma. Ao longo de sua vida, Tarso quase sempre partiu para a briga, muitas vezes sem se importar com quem sairia mais ferido – o adversário ou ele próprio. Era uma mistura de boxeador com camicase que se autodefinia como "75 kg de músculos e fúria" (mais tarde usado como título da biografia do jornalista escrita pelo também jornalista Tom Cardoso).

Dessa maneira, Tarso foi um dos últimos capítulos de uma imprensa que praticamente morreu com ele. A do jornalista polêmico (às vezes desaforado), parcial (no caso dele, quase sempre ao lado de Leonel Brizola) e idiossincrático (embora muitas vezes isso pudesse ser confundido com incoerência). Tarso comprava brigas das quais, embora não confessasse, poderia se arrepender no momento seguinte. A mais notória das que foi obrigado a voltar atrás foi com Tancredo Neves. Em artigos, Tarso chegou a sugerir que o ex-governador mineiro deveria ter herdado o revólver e não a caneta de Getúlio Vargas. Depois que se conheceram, Tarso mudou radicalmente de opinião.

Por todos os jornais pelos quais passou – como funcionário ou como criador –, Tarso deixou sua marca de ironia, deboche e humor corrosivo. E numa vida vivida intensamente partiu cedo demais – "prefiro viver pela metade por uma garrafa de uísque inteira a viver a vida inteira bebendo pela metade" era uma de suas frases preferidas. O suficiente para evitar que seu personagem se transformasse em folclore. Nos últimos meses de vida, foi internado dezenas de vezes, a ponto de ninguém mais acreditar em sua recuperação. Na última não resistiu, morrendo de cirrose hepática em maio de 1991. Tinha 49 anos. "Quanto à minha morte, que é a última, vai ser um tremendo barato: lenta, muito lenta, num azul que eu acabo achando", escreveu ele quando tinha 29 anos.

Jaguar

Como o japonês – pode ser aquele do sótão –, que mesmo depois de encerrada a guerra se negava a acreditar na derrota e seguia empunhando suas armas solitariamente – na sua própria definição –, Jaguar foi o único da primeira turma a ficar até o derradeiro fim. Por mais de duas décadas, o *Pasquim* foi sua razão de viver, tendo chegado até mesmo a morar na redação durante um período. Sig, contrariando o velho ditado náutico, também foi uma exceção: um rato que se negou a abandonar o navio.

Jaguar viu o jornal surgir, crescer, viver sua fase mais esplendorosa, começar a decair, definhar e morrer. Seus ex-companheiros foram ficando para trás. Com alguns manteve amizades, com outros rompeu para sempre. Chegou a tornar-se uma figura patética, acreditando na permanência do jornal quando ninguém mais acreditava – a começar pelos leitores, que foram atrás de novas e ousadas publicações. Do atrelamento a Leonel Brizola, a partir da eleição de 1982, Jaguar possivelmente deve ter colhido mais desgostos do que alegrias. Ainda assim permaneceu fiel ao líder trabalhista.

Nos anos 1990, tornou-se editor do jornal *A Notícia*, órgão popularesco que explorava manchetes escandalosas. Durou pouco no cargo e foi convidado a assinar uma coluna em *O Dia*, jornal que havia sido do ex-governador Chagas Freitas e que na época seguia sob o comando de Ary de Carvalho, aquele mesmo que havia dado emprego a Tarso de Castro na *Zero Hora* logo depois do Golpe de 64. Na coluna, mais escrevia (bem) do que desenhava, usando a memória que quase sempre falhava devido ao álcool, como ele mesmo reconhecia para lembrar de antigas histórias de Ipanema e de seus personagens. Os textos acabaram dando origem a dois livros: *Ipanema* (em 2000) e *Confesso que Bebi: Memórias de um Amnésico Alcoólico* (2001), uma espécie de roteiro afetivo dos bares da cidade, de lugares chiques a simpáticos pés sujos. Chegaria ao fim do milênio reunindo-se novamente com Ziraldo e alguns remanescentes do *Pasquim* para a criação da revista *Bundas*, em junho de 1999. Nascido no dia 29 de fevereiro de 1932, ano bissexto, Jaguar continua na ativa e morando no Rio.

Sérgio Cabral

Depois que saiu do *Pasquim*, Sérgio Cabral mudou-se para São Paulo, onde trabalhou como editor da revista *Realidade*, da editora Abril. Sérgio Cabral: "Eu me afastei do *Pasquim*. Desse tempo de *Pasquim* só tenho uma mágoa: as críticas que recebi por ter participado do júri do Festival da Canção. Me magoou muito, sabe? No resto, foi só alegria. Eu trabalhei em televisão, rádio e revista. Não encontrei nada com mais penetração do que o *Pasquim*", revelaria o próprio Cabral em entrevista concedida ao semanário em dezembro de 1974.

Apaixonado pela música brasileira, produziu discos e *shows*, além de trabalhar com artistas como Rildo Hora (com quem compôs o samba *Os Meninos da Mangueira*) e João Nogueira, até o começo dos anos 1980. Em 1982, pelo PMDB, disputou sua primeira eleição, sendo eleito vereador pelo Rio de Janeiro. Envolvendo-se com problemas da cidade e questões ligadas à cultura e à preservação da memória, teve uma boa atuação na Câmara de Vereadores, sendo reeleito duas vezes consecutivas, em 1988 e em 1992. No ano seguinte, seria indicado para exercer a função de conselheiro do Tribunal de Contas do Município do Rio de Janeiro, no qual iria se aposentar. A partir de então, retomaria sua paixão por pesquisar a vida musical brasileira, que já havia lhe rendido trabalhos como os livros: *As Escolas de Samba – O Que, Quem, Onde, Como, Quando e Porque* (1974), *Pixinguinha – Vida e Obra* (1977), com o qual venceu o concurso de monografias sobre música popular, instituído pela Funarte, *ABC do Sérgio Cabral* (1979), *Tom Jobim* (1987) e *No Tempo de Almirante* (1991). Aposentado, escreveria então *No Tempo de Ari Barroso* (1993), *Elizeth Cardoso – Vida e Obra* (1994), *As Escolas de Samba do Rio de Janeiro* (1996), *A Música Popular Brasileira na Era do Rádio* (1996), *Antonio Carlos Jobim – Uma Biografia* (1997), *Livro do Centenário do Clube de Regatas Vasco da Gama* (1998), *Mangueira – Nação Verde e Rosa* (1998) e *Nara Leão – Uma Biografia* (2001).

Seu maior sucesso profissional viria em 2007, quando, em parceria com Rosa Maria Araújo, assinou a direção, pesquisa e roteiro do musical *Sassaricando – E o Rio Inventou a Marchinha*, um fenômeno de crítica e de público que ficou anos em cartaz e excursionou pelo Brasil. No mesmo ano, doou para o Museu da Imagem e do Som do Rio de Janeiro seu acervo pessoal, composto de sua biblioteca, mais de mil discos (vinis e 78 rpms), recortes de jornais e revistas, acumulados durante mais de cinco décadas, fotos e ainda suas crônicas sobre música brasileira publicadas em vários jornais do país. Porém, já nessa época, o nome Sérgio Cabral já estava mais associado a outro personagem, no caso, seu filho – nascido em 1963 e que havia sido o pivô daquele pânico que o pai teve quando soube que estava sendo procurado pela mulher no dia da prisão dos jornalistas do *Pasquim*. Eleito pela primeira vez em 1990, quando virou deputado estadual pelo PMDB, Cabral Filho teria uma trajetória política meteórica e controversa. Deputado por três mandatos, seria eleito senador em 2002 e, na metade do mandato, ganharia a disputa para o governo do Rio. Reeleito em primeiro turno em 2010, Cabral Filho faria seu sucessor, mas pouco poderia faturar do prestígio que havia acumulado. Com o crescimento político, Cabral Filho viu-se envolvido em incontáveis denúncias de corrupção passiva, lavagem de dinheiro e evasão de divisas. Em 2016 foi preso na Operação Lava Jato e em 2021 cumpria pena em Bangu 8 do Complexo Penitenciário de Gericinó, no Rio. As penas impostas a Cabral Filho já ultrapassam cem anos de prisão. Aos 82 anos, seu pai não tomou conhecimento da maioria dos fatos recentes. Ele sofre do Mal de Alzheimer.

Luiz Carlos Maciel

Saído na primeira leva após Tarso de Castro deixar o comando do jornal, Maciel atravessaria os anos 1970 dividindo-se em múltiplas atividades. Já de imediato estaria à frente de *Flor do Mal*, jornal contracultural fundado por ele em 1971, ao lado dos poetas Tite de Lemos, Torquato Mendonça e Rogério Duarte. Logo depois, Maciel se vincularia a uma nova pequena revolução na imprensa nacional, editando uma versão brasileira (e pirata) da revista *Rolling Stone*. Pelos anos seguintes, Maciel também seria roteirista da Rede Globo e autor de livros – *Nova Consciência, Negócio Seguinte:* e *A Morte Organizada* – quase sempre abordando temas e experiências recolhidas do tempo em que editava o Underground. Nunca se afastou de Tarso de Castro – colaborou com as publicações inventadas pelo amigo e lutou até o fim para que Tarso fosse considerado como o verdadeiro criador do *Pasquim*, combatendo o expurgo que passou a ocorrer depois da saída do jornalista.

Maciel atravessou as décadas de 1980 e 1990 mantendo-se na Globo, dirigindo *shows* – o mais famoso deles foi com Gal Costa em 1984 – e escrevendo livros, alguns sob encomenda, como os dedicados à atriz Dorinha Duval e ao jornalista, produtor e compositor Ronaldo Bôscoli. No período entre 1996 e 2001, escreveu dois livros com forte conteúdo memorialístico. *Em Geração em Transe* (1996), lembrava de fatos de sua vida a partir da convivência ao lado de três personagens: Caetano Veloso, Glauber Rocha e José Celso Martinez Corrêa. Em *As Quatro Estações* (2001) recordava as lutas surgidas nos anos 1960 sem se mostrar descrente com o que o futuro poderia reservar.

Com o surgimento das redes sociais, Luiz Carlos Maciel passou a ter uma ativa participação com postagens no Facebook, comentando assuntos da política brasileira contemporânea, revisitando temas que sempre lhe interessaram (*beats, jazz,* cinema, teatro e gatos) e rememorando antigas histórias do *Pasquim*. No último dia de 2015, faria uma postagem no

Facebook ressaltando a predileção de seus leitores pelos seus livros mais antigos (*Nova Consciência*, *A Morte Organizada*, *Negócio Seguinte:*), mas afirmava que, na sua opinião, o melhor era o mais recente, *O Sol da Liberdade*, publicado por uma pequena editora em 2014. Maciel encerrava a postagem explicando que o livro era difícil de ser encontrado nas livrarias e que os interessados não deveriam desanimar, podendo adquiri-los por meio de uma pessoa que ele indicava. Seis meses antes, Maciel havia sido ainda mais explícito ao expor as dificuldades financeiras que atravessava. Em uma postagem de junho, com o título "MACIEL QUER TRABALHO", assim mesmo em letras maiúsculas, ele se confessava "um tanto constrangido, é verdade, mas sem outro jeito", e usava "esse meio de comunicação, típico da era contemporânea e de suas maravilhas, para levar ao conhecimento público o fato desagradável de que estou sem trabalho e, por conseguinte, sem dinheiro". Apelando a amigos e desconhecidos, Maciel contava que estava desempregado havia quase um ano e dizia precisar urgentemente de um trabalho que lhe desse "uma grana capaz de aliviar este verdadeiro sufoco". Por fim, Maciel fazia um pequeno currículo ("Sei ler e escrever, sei dar aulas, já fiz direções de teatro e de cinema, já escrevi para o teatro, cinema e televisão. Publiquei vários livros, inclusive sobre técnicas de roteiro, faço supervisão nessas áreas de minha experiência, dou consultoria, tenho – permitam-me que o confesse – muitas competências". E acrescentava mostrando (e brincando com) sua versatilidade e demonstrando seu espanto diante dos novos tempos. "Na mídia impressa, já escrevi artigos, crônicas, reportagens... O que vier, eu traço. Até represento, só não danço nem canto. Será que não há um jeito honesto de ganhar a vida com o suor de meu rosto?". Apesar da relativa repercussão, não se sabe se desse apelo surgiu alguma oferta. Maciel morreu pouco mais de dois anos depois, em dezembro de 2017, vítima de falência múltipla de órgãos. Tinha 79 anos.

Martha Alencar

O comando forte e seguro durante a "Gripe" do Pasquim não foi suficiente para garantir a permanência de Martha Alencar na redação. Ela seria uma das primeiras a deixar o jornal após o rompimento de Tarso de Castro com os novos editores e seguiria o amigo em sua primeira aventura pós-*Pasquim*, o *JA, Jornal de Amenidades*. Em paralelo, Martha se afastaria do jornalismo diário e ficaria cada vez mais vinculada à produção cinematográfica. O fato de ser casada com o ator e diretor Hugo Carvana foi decisivo para a opção, e Martha, que já havia criado em 1970 os letreiros e a programação visual do filme *O Capitão Bandeira contra o Doutor Moura Brasil*, de Antonio Calmon, assumiria a produção e a divulgação das obras do marido: *Vai trabalhar, Vagabundo* (1974) e *Se Segura, Malandro* (1978). Com a ascensão de Leonel Brizola ao governo do Rio, Martha retomaria as atividades jornalísticas, assumindo a Secretaria de Imprensa do governo, porém sem deixar de lado a atuação na produção. É dessa época o lançamento de *Bar Esperança – O Último que Fecha*, relato quase biográfico de Martha, Carvana e de tantos companheiros daquele tempo de bares, de porres e de esquerdas festivas. O roteiro do filme foi escrito pelo casal, contando com a colaboração dos roteiristas Armando Costa, Denise Bandeira e Euclydes Marinho. No final dos anos 1980, Martha aprofundaria ainda mais suas experiências com cinema, trabalhando no setor de divulgação da Embrafilme e atuando como coordenadora de comunicação da Fundação do Cinema Brasileiro, atual CTAV. À frente da produtora MAC Comunicação e Produção produziria ainda os longas--metragens *O Homem Nu* (1997) e *Apolônio Brasil – O Campeão da Alegria* (2003), ambos dirigidos por Carvana. Revisitaria sua trajetória jornalística reencontrando velhos amigos, como Fernando Gabeira, Caetano Veloso e Chico Buarque, como codiretora, ao lado de Tetê Moraes, do documentário *O Sol*, sobre o jornal do qual foi uma das criadoras. Viúva desde 2014, Martha Alencar é mãe de quatro filhos e vive no Rio de Janeiro.

Millôr Fernandes

Quando deixou o *Pasquim* por vontade própria, irritado com a volta da censura no número 300, Millôr Fernandes já ocupava uma página semanal na revista *Veja*. Por conta de múltiplas tarefas e da habilidade para se valorizar e fazer bons contratos durante toda a carreira, Millôr chegava aos 50 anos sem problemas financeiros. Permaneceria na *Veja* até 1982, quando saiu por divergências editoriais. De imediato, conseguiu espaço semelhante em outra revista semanal, a *IstoÉ*. Publicado consecutivamente por duas revistas com sede em São Paulo, Millôr seguia morando no Rio. Em 1984, passaria a ter uma coluna no *Jornal do Brasil*.

No jornal da família Nascimento Brito, Millôr ficaria até 1992. Entraria em diversas polêmicas com personagens tão diferentes entre si quanto o então prefeito Marcello Alencar e o diretor de TV Daniel Filho, para ficar em apenas dois exemplos. Seu último ano no *JB* seria marcado por disputas com o comando editorial, que havia mexido em textos seus sem sua autorização, o que Millôr considerava uma afronta. Insatisfeito, Millôr deixou o jornal. A seguir, alternaria colaborações esporádicas em vários órgãos e publicaria, já em meados dos anos 1990, com maior assiduidade nos jornais *O Dia*, do Rio, o *Estado de S. Paulo* e o *Correio Braziliense*.

Interessado em computação e novas mídias desde os anos 1980, Millôr lançou no ano 2000 *O Saite Millôr Online*, no qual passou a publicar novos textos e desenhos, além de recuperar antigos trabalhos. Teve uma última temporada em *Veja* a partir de 2004, mas logo se desentendeu com os patrões a partir do momento em que a revista começou a disponibilizar todo seu acervo – aí incluídos os trabalhos de Millôr entre 1968 e 1982 – em edições na internet.

Insatisfeito com o que considerava ser um uso indevido e não autorizado, Millôr tentou entrar em acordo com a Abril, até o rompimento definitivo, quando a empresa não apenas disse que manteria o material *on-line* do jeito que estava, como também não renovaria seu contrato. Millôr então moveria um processo contra a editora Abril e o Bradesco, banco patrocinador da digitalização do acervo da *Veja*, exigindo uma indenização de R$ 500 mil.

Estava em plena atividade profissional quando, no dia 16 de fevereiro de 2011, foi internado na clínica São Vicente, no Rio. Dois dias depois, foi noticiado que ele sofrera um acidente vascular cerebral isquêmico e estava no CTI. Ficaria internado até o final de junho, quando receberia alta, iria para casa, teria uma recaída e voltaria para ser internado por mais cinco meses. Millôr Fernandes então retornaria ao seu apartamento em Ipanema pela última vez e lá morreria em 27 de março de 2012 em decorrência de falência múltipla de órgãos e parada cardíaca. Tinha 88 anos.

O veredito da ação movida por Millôr Fernandes contra a Abril sairia em setembro de 2013. A Editora Abril foi condenada a pagar uma indenização de cerca de R$ 800 mil.

Ziraldo

Penúltimo dos grandes nomes do *Pasquim* a deixar o jornal – só perderia para o indemissível Jaguar –, Ziraldo manteve-se bem pessoal e profissionalmente depois de sair do jornal na primeira metade dos anos 1980. Por ser talvez o menos jornalista entre os principais nomes da equipe – destacando-se muito mais como cartunista, chargista, quadrinhista e artista gráfico –, pouco precisou depender do sempre oscilante mercado jornalístico. Seu talento e sua arte estavam estampados em revistas, capas de livros, coletâneas de exposições de artes plásticas, capas de discos, pôsteres, cartazes de peças e *shows* (especialmente os de Jô Soares). Aliada à sua capacidade de trabalho também merece destaque a sua onipresença. Fala bem, se envolve em polêmicas e tem presença garantida nos principais programas de entrevistas e *talk-shows* da TV brasileira. "O mundo nunca sofreu de uma escassez de Ziraldo", definiu o conterrâneo Ruy Castro (ambos são de Caratinga), em seu livro *Ela É Carioca*.

Na década de 1980, pouco antes de romper com o *Pasquim*, Ziraldo havia publicado *O Menino Maluquinho*, curiosamente não pela Codecri. Um dos maiores sucessos da história do mercado editorial brasileiro, o livro teria mais de 2 milhões de exemplares vendidos, além de adaptações para a TV, o cinema e um sem-número de produtos.

Com um lápis (ou uma lapiseira, uma caneta, um pincel...) à mão, Ziraldo sempre foi imbatível. Expôs seus trabalhos em museus e galerias por todo o mundo. Só não repetiu o sucesso profissional quando se aventurou novamente com propostas jornalísticas. No final do século passado e no início do novo milênio esteve envolvido com duas experiências que tentavam recuperar o espírito daquele velho *Pasquim*. Primeiro com *Bundas* e depois com *Pasquim 21*, Ziraldo buscou trazer de volta um jornalismo e um tipo de humor que já não tinham mais espaço nas publicações atuais. Aos 86 anos, tendo enfrentado recentemente alguns problemas de saúde, em 2021 Ziraldo segue ativo e morando no Rio de Janeiro.

Paulo Francis

Com a cláusula de exclusividade exigida pela *Folha de S. Paulo*, quando o contratou em janeiro de 1976, Paulo Francis teria a partir de então no jornal paulista seu único palanque jornalístico – e não sairia perdendo. No diário comandado pela família Frias, Paulo Francis encontraria velhos amigos, como Claudio Abramo, dividiria páginas com parceiros de *Pasquim* – Tarso de Castro e Sérgio Augusto seriam contratados na mesma época – e influenciaria um sem-número de seguidores com seus textos publicados pela *Ilustrada*. O caderno cultural que seria reformulado com a ascensão do herdeiro Otávio Frias Filho teria em Paulo Francis o seu modelo mais explícito. Suas opiniões contundentes, suas críticas ferinas e sua capacidade de criar polêmicas ganhariam uma nova dimensão. Também teria mais tempo até para escrever livros, como os romances *Cabeça de Papel* (1977) e *Cabeça de Negro* (1979). Estas obras não tiveram o sucesso que o seu autor esperava e o próprio Paulo Francis reconheceria logo depois, em seu livro de memórias, *O Afeto que se Encerra* (1980), que contava que o sucesso como escritor lhe garantiria recursos materiais suficientes para abandonar o jornalismo diário.

Ao que se sabe, Paulo Francis sempre esteve entre os maiores salários da imprensa brasileira. Recebia também uma série de vantagens, como passagens aéreas, de seus empregadores. E sua situação profissional ficaria ainda melhor quando foi contratado pela Rede Globo para atuar como comentarista internacional em seus telejornais. Os óculos fundos de garrafa, a cabeça empinada e a voz metálica e arrastada arrebentavam com qualquer padrão de como se apresentar no vídeo e causaram estranheza imediata nos telespectadores. Porém, logo se transformariam em marcas registradas de um analista original e singular. Com a TV, Paulo Francis teve algo que talvez nunca imaginara – reconhecimento popular –, ainda que ele próprio se divertisse ao contar que certa vez vira alguém assistindo ao seu boletim na televisão e, ao final, comentar: "Como é bom esse Chico Anysio!".

Com seus textos, apropriadamente chamados de Diários da Corte, Paulo Francis sintonizava seus leitores com o que acontecia não apenas em Nova York, como também no mundo. Era bem informado, escrevia bem, mas também chutava muito. No *Pasquim* ficaria famosa – e viraria gíria – sua referência a Yamamoto. Vale repetir: numa crítica escrita sobre o filme *Tora! Tora! Tora!*, Paulo Francis diria que o almirante Isoroku Yamamoto, comandante das operações navais do Japão durante o ataque a Pearl Harbor, havia comparecido à *première* do filme, em 1971, sendo que o militar japonês estava morto desde abril de 1943. Também se agravariam seus atritos e ataques pessoais. Num desses, envolveu-se em uma polêmica com Caio Túlio Costa, *ombudsman* do jornal, episódio que culminaria com a saída de Francis da *Folha de S. Paulo*.

Manteve a fama e as regalias em um novo emprego em *O Estado de S. Paulo*, para onde foi levado pelo velho amigo José Onofre – a quem considerava o melhor avaliador da sua obra literária. Politicamente atacava José Sarney, afastava-se da esquerda, chegara a flertar com Fernando Collor e nunca deu a menor chance a Lula. Com Fernando Henrique Cardoso, de quem era próximo, tornou-se um apoiador de primeira hora à candidatura presidencial em 1994, mas logo também se afastaria dele.

No ano que antecedeu a eleição de Fernando Henrique, Paulo Francis passaria a integrar, ao lado de Lucas Mendes, Caio Blinder e Nelson Motta, a bancada de comentaristas do programa *Manhattan Connection*, então transmitido pelo canal GNT. Foi numa dessas noites do programa semanal que de maneira explícita e agressiva Paulo Francis defendeu a privatização da Petrobras, alegando que a estatal precisava ser reformulada e que seus diretores possuíam milhões em contas na Suíça. Pela acusação sem provas, Paulo Francis foi processado na justiça norte-americana e poderia se tornar réu de um processo cuja indenização exigida era de US$ 110 milhões. Abalado emocionalmente, não resistiu a um ataque cardíaco e morreu em seu apartamento em Nova York em 4 de fevereiro de 1996. Tinha 66 anos.

Sérgio Augusto

Ao sair do *Pasquim* no final dos anos 1970, após atritos com Ziraldo e com Jaguar, Sérgio Augusto já era um dos principais nomes do jornalismo brasileiro, em especial em assuntos ligados à área cultural. Paralelamente ao trabalho fixo que manteve no *Pasquim* durante o período em que lá esteve como contratado, seguiu colaborando como *freelancer* em outras publicações, como as revistas *Veja*, *IstoÉ* e *Status*, quase sempre com textos voltados para a crítica cinematográfica. Sua carreira deslancharia ainda mais ao tornar-se repórter especial da *Folha de S. Paulo*. No jornal, Sérgio Augusto não apenas acompanharia a fase de transformações da Ilustrada como seria um dos pontas de lança do caderno cultural. Faria críticas, entrevistas, coberturas de festivais de cinema e de *jazz*, espalhando pelas páginas seu conhecimento enciclopédico e seu texto de qualidade. A vida jornalística de Sérgio Augusto na *Folha* duraria por uma década e meia. Afastado em 1996, ele, quase que de imediato, seria contratado pelo concorrente, *O Estado de S. Paulo*, no qual manteria o mesmo *status* e a mesma dimensão editorial. Carioca que nunca deixou o Rio de Janeiro, Sérgio Augusto colaboraria intensamente com outras publicações (a revista *Bravo!* seria a mais relevante e constante) e se reaproximaria de Ziraldo na criação de *Bundas*. Além da atividade jornalística, apresentaria uma prolífica produção literária com trabalhos analíticos sobre o cinema (*Este Mundo É um Pandeiro: A Chanchada de Getúlio a JK*, de 1989), sobre grandes compositores da música brasileira (*Jobim Cancioneiro*, de 2004, e *Cancioneiro Vinicius de Moraes*, de 2007), sobre a França, uma de suas obsessões (*E Foram todos para Paris: Um Guia de Viagem nas Pegadas de Hemingway, Fitzgerald & Cia*, de 2011) e coletâneas de textos culturais (*Lado B*, de 2001, e *As Penas do Ofício: Ensaios de Jornalismo Cultural*, de 2006). Nascido em janeiro de 1942, Sérgio Augusto ainda trabalha e vive no Rio de Janeiro ao lado da mulher, a também jornalista Maria Lucia Rangel.

Ivan Lessa

O "Bananão" – como ele se referia ao Brasil – não servia mais para Ivan Lessa em 1978. O que servia era o das décadas de 1940 e 1950, mais especificamente o Rio de Janeiro desse período e que só existia preservado dentro da memória do próprio Ivan. Por isso, no ano em que o *Pasquim* completava seu nono aniversário, Ivan Lessa decidiu pedir demissão do jornal, pegar sua mulher e sua filha e se mudar para Londres – para nunca mais voltar. Empregado no serviço brasileiro da BBC, Ivan Lessa divertia-se com livrarias, lojas de discos, visitas ao British Museum e almoços em restaurantes chineses. Com tantas atividades e prazeres, ele não teria muito tempo para se dedicar à literatura. Só teria seu primeiro livro publicado aos 52 anos, em 1987. Assim mesmo, *Garotos da Fuzarca* só surgiu por insistência do amigo Diogo Mainardi, responsável pela seleção de textos. A demora valeu a pena, e Ivan Lessa acabou sendo saudado por vários ex-colegas do *Pasquim*. "A mais rica imaginação entre os nossos contemporâneos", definiria Paulo Francis. "O melhor texto de humor do Brasil. Desde o tempo que era meu *ghost-writer*", diria Jaguar. "Um escritor maldito? Sei lá. Uma mente conturbada? Um gênio do mal? Um autoexilado? Um exilado alto? Quem sou eu para dizer?", resumiria Millôr Fernandes no prefácio. Porém, a avaliação mais definitiva seria a de Sérgio Augusto: "Pobre o país em que um escritor como Ivan Lessa precisa escrever um livro para provar que é o melhor do ramo". A boa receptividade o encorajou a ser mais prolífico, publicando a seguir *Ivan Vê o Mundo* (reunião de crônicas, de 1999) e *O Luar e a Rainha* (também de crônicas, em 2005). Afora isso, escrevia crônicas três vezes por semana para a BBC e foi responsável pelos textos de apresentação para os livros *A Sangue Frio*, de Truman Capote, que, em nova edição no ano de 2009, integrou a coleção Jornalismo Literário. Antes disso, em 2006, Ivan Lessa encerrou um ciclo de 28 anos de expatriamento na Inglaterra e passou dez dias no Rio de Janeiro a convite da revista *Piauí*. O texto sobre o reencontro do jornalista com o Brasil foi publicado na edição de número 1 da revista, em outubro daquele ano, com ilustrações de Jaguar. Num dos cartuns da reportagem, Jaguar desenha Millôr Fernandes perguntando a ele: "Jaguar, o que você disse quando reencontrou Ivan depois de 28 anos, seis meses e sete dias?". E Jaguar responde: "Eu? Disse oi!". E completa: "Depois fiquei catatônico dois dias". Nos últimos meses de vida, sofrendo de enfisema pulmonar e de graves problemas respiratórios, Ivan Lessa havia montado uma grande estrutura médica em sua casa para não precisar ser transferido para um hospital e poder continuar trabalhando. Na tarde do dia 8 de junho de 2012, depois de ter enviado sua última crônica para a BBC, foi encontrado morto em seu escritório por Elizabeth Fiuza, sua mulher. Tinha 77 anos.

Henfil

Entre os participantes mais ativos do *Pasquim*, o de vida mais efêmera foi Henfil, que morreu aos 43 anos. A hemofilia que o acompanhava desde sempre era sua senha para saber que teria pouco tempo de vida. Talvez, por causa disso, ocupou-se de muito trabalho. Ocupou-se também de muita militância política. Já meio fora do *Pasquim*, engajou-se na campanha pela anistia, lutou pela volta dos exilados, em especial o seu irmão, Betinho, aproximou-se do PT e foi um entusiasta imediato da campanha pela volta das eleições diretas. Nessas andanças, Henfil ficou muito ligado ao então senador Teotônio Vilela – que ele conheceu durante uma entrevista para o *Pasquim* e que, curiosamente, era um político com raízes na UDN e eleito pela Arena em 1974. Ou seja, alguém com grandes chances de ganhar um jazigo perpétuo no cemitério do Caboco Mamadô.

Mas Teotônio Vilela tinha a capacidade de dialogar com aliados e adversários. E os dois, condenados por doenças diferentes, aproximaram-se na luta pela redemocratização. Foi de Henfil o *slogan* "Diretas-Já" da campanha para as eleições presidenciais pelo voto popular em 1984, como também havia sido dele uma das camisetas-símbolo com Teotônio Vilela empunhando a bengala.

Outra aproximação de Henfil do final da vida, que causaria estranhamento ao Henfil do começo dos anos 1970, se deu com a Rede Globo. No período em que atuou na emissora, o cartunista teve um quadro de grande audiência dentro do programa *TV Mulher*. E, no final da vida, depois de ter publicado jornais, revistas, livros, ter participado de mostras e exposições, ter trabalhado na TV, Henfil ainda se envolveria com o cinema.

Tanga (Deu no New York Times?) foi um longa-metragem dirigido pelo cartunista, baseado em roteiro de Joffre Rodrigues, um dos filhos do dramaturgo Nelson Rodrigues. Na história da comédia, ambientada numa fictícia república do Caribe, a ilha de Tanga, um ditador que acabou com a imprensa local, pauta sua atuação governamental, após ler todos os dias o único exemplar do jornal *The New York Times* que chega ao país. No elenco, além do próprio Henfil, estão ainda dois ex-colegas de *Pasquim*: Jaguar e Fausto Wolff. O filme chegaria aos cinemas em 1987, poucos meses antes da morte do cartunista. Henfil morreu nos primeiros dias de janeiro de 1988, vítima de aids, contaminado por uma das inúmeras transfusões de sangue para combater a hemofilia.

Fortuna

Saído na primeira leva de brigas do *Pasquim*, logo depois de Tarso de Castro, Fortuna voltaria a se reencontrar com o antigo editor na realização do *JA, Jornal de Amenidades*. Mesmo afastado do *Pasquim*, Fortuna continuou ligado à Codecri, tornando-se editor da revista

O Bicho, em que publicaria trabalhos de chargistas nacionais e estrangeiros. Logo depois foi para São Paulo, novamente fazendo parceria com Tarso de Castro, como cartunista e diretor gráfico no suplemento *Folhetim*, da *Folha de S. Paulo*. A parceria com Tarso seria mantida em novos trabalhos, como o jornal *Enfim* e a revista *Careta*, em 1980. Paralelamente, Fortuna fez capas para livros, colaborou com a revista *Veja* e participou de antologias de humor. Entre 1988 e 1990, atuou como diretor de arte no jornal *Softpress*. Além de *Hay Gobierno?*, Fortuna publicou os livros *Aberto para Balanço* (1980), coletânea de seus trabalhos no jornal *Correio da Manhã*, *Diz, Logotipo* (1990), e *Acho Tudo muito Estranho (Já o Prof. Reginaldo, Não)*, em 1992.

Vítima de um enfarte, Fortuna morreu em 1994, aos 63 anos. Sobre ele, Millôr Fernandes escreveu em *Retratos em 3 x 4 de alguns amigos 6 x 9*, em 1969: "Tem trinta e poucos anos de altura, a personalidade dele mesmo, riso hipotético, traço desconfiado e é tarado por coisas que detesta. Perfeccionista nato, entre suas descobertas estão o furo da rosca, o oco exterior e a moeda sem coroa. Profundo humorista, fica triste sempre que o levam a sério; acha que nunca foi tratado com a hilaridade que merece".

João Carlos Rabello

Depois do Pasquim, Rabello fundou o jornal *Maré de Angra dos Reis* e dirigiu a Rádio Angra AM. Foi presidente da Associação dos Jornais do Interior do Rio e secretário-geral da Associação Brasileira dos Jornais do Interior do Brasil, além de ter sido, em 2004, o criador da FITA (Festa Internacional de Teatro de Angra). Nasceu em 1954. Em 2021, morando em Angra dos Reis, era o secretário municipal de Desenvolvimento Urbano.

BIBLIOGRAFIA

Carlos Marchi – *Todo Aquele Imenso Mar de Liberdade* – Editora Record
Fernando Gabeira – *O Que É Isso, Companheiro?* – Editora Codecri
Fernando Gabeira – *O Crepúsculo do Macho* – Editora Codecri
Fernando Gabeira – *Entradas e Bandeiras* – Editora Codecri
Geneton Moraes Neto – *Dossiê Gabeira* – Editora Globo
Ivan Lessa – *Garotos da Fuzarca* – Editora Companhia das Letras
Jaguar – *Confesso que Bebi: Memórias de um Amnésico Alcoólico* – Editora Record
Jaguar – *Ipanema* – Editora Relume Dumará
Jorge Ferreira – *João Goulart - Uma Biografia* – Editora Civilização Brasileira
José Luiz Braga – *O Pasquim e os Anos 70* – Editora UnB
Luiz Carlos Maciel – *Negócio Seguinte:* – Editora Record
Luiz Carlos Maciel – *A Morte Organizada* – Editora Global
Luiz Carlos Maciel – *Anos 60* – Editora L&PM

Luiz Carlos Maciel – *Geração em Transe: Memórias do Tempo do Tropicalismo* – Editora Nova Fronteira

Luiz Carlos Maciel – *As Quatro Estações* – Editora Record

Luiz Carlos Maciel – *O Sol da Liberdade* – Editora Vieira & Lent

Maria Celina D'Araújo e **Celso Castro** – *Ernesto Geisel* – Fundação Getúlio Vargas

Millôr Fernandes – *A Verdadeira História do Paraíso* – Editora Desiderata

Ruy Castro – *Ela É Carioca* – Editora Companhia das Letras

Sérgio Augusto e **Jaguar** – *O Pasquim – Antologia* – Volume I – 1969/1971 – Editora Desiderata

Sérgio Augusto e **Jaguar** – *O Pasquim – Antologia* – Volume II – 1972/ – Editora Desiderata

Sérgio Augusto e **Jaguar** – *O Pasquim – Antologia* – Volume III – 1973/1974 – Editora Desiderata

Tarso de Castro – *Pai Solteiro e Outras Histórias* – Editora Laser Press

Tarso de Castro – Entrevista à revista *Playboy*/Novembro de 1983

Tom Cardoso – *Tarso de Castro: 75 kg de Músculos e Fúria* – Editora Planeta

As Grandes Entrevistas do Pasquim – *Doze Depoimentos Antológicos* – Editora Codecri

Coleções e arquivos de *O Globo, Veja, Pasquim, O Nacional, Bundas* e *Pasquim21*